美对于所有人都是平等的。

契诃夫的玫瑰

Чехов и его роза

顾春芳　著

译林出版社

梅利霍沃的海鸥小屋与玫瑰，2020 年

Русский садовник

Сын природы

Садовод с энтузиазмом

Первый цветок в жизни

В розарий русской литературы

Мелиховская роза

Прощай, горькая роза

Роза не легко подаренная

Розовая дача в Ялте

Ты дороже всей весны

Непроцветавшая роза

Забота и воспоминание розы

目 录

梅利霍沃契诃夫纪念馆入口处的玫瑰，2020年

前　言

契诃夫是一位小说家和戏剧家，但是鲜有人知道，他还是一位出色的园艺师。

伊利亚·爱伦堡在《重读契诃夫》中有这样一段描写：

> 他是一个狂热的园艺师，他播种花籽儿，移栽花苗，嫁接花木。他在尼斯旅游的时候，曾经担心自家花园里的两棵百合花被人踩坏。他在家书中恳求家人好好浇灌新栽的果木。在雅尔塔的别墅里，由他栽种的茶花开花的时候，他给在莫斯科的妻子发了电报报喜。他邮购树种，为幼苗寻找瓦罐，精心照料刚刚栽种的树苗。园艺并不单纯是他的一种嗜好，就如同很多人嗜好垂钓或打猎，他从树木的生长中，强烈地感受到了对于生命的肯定。[1]

契诃夫本人曾表示如果不写小说，自己愿意当一个园艺师。他热爱自然和土地，他写下的许许多多关于自然的赞颂就是明证。《万尼亚舅舅》中的阿斯特罗夫医生对森林的热爱也是契诃夫的心声："森林能使土地变得美丽，能培养我们的美感，能够提高我们的灵魂。"[2]契诃夫很早就意识到享乐的生活腐蚀着人的灵感和创造力，阻碍人领悟真正的幸福。他说，每一次写作就是采撷最美鲜花的花粉，就是一次死亡；而每一次回归自然，便是重获一次新生。他说："大自然是一种良好的镇静剂。它能使人不斤斤计较，就是说使人淡漠。而生活在这个世界上确实也需要淡漠。只有淡漠的人方能清晰地看待事物，方能公正，方能工作。"[3]

契诃夫从小酷爱大自然。在备受压抑的苦难童年，港口、草原涵养了契诃夫的心田，自然的朴素和美好浸润了他整个灵魂，给这个缺少快乐的孩子短暂却珍贵的幸福和自由。契诃夫一生亲近自然，和自然息息相通。他说："艺术家的全部精力应当转到两种力量——人和自然。"[4]他在创作中向往着大自然，向往着如自然般健康、纯洁、完善的人性。

他说自己骨子里流着农民的血。他热爱土地和自然。他爱树、花和大河，爱森林、草原和鸟类；他领略过古老泰加森林的神话与秘密；他也曾热情地赞叹和歌颂过叶尼塞河的雄伟与壮观。他在梅利霍沃和雅尔塔动手建造自己的花园，不是为了享用瓜果蔬菜，而是为了亲近自然，体悟大自然的规律。春去秋来，四季更迭，他像斟酌词句一样把握水分、土壤和阳光的互动与平衡。他在小小的花园里感受到造化的神奇与馈赠，感受到存在的本源，感受到所有形式的生命都有一死，人的灵魂与万物共有同一命运。培植花园的园丁，也在培植着自己的心田，同时在文学中培植着关乎人类未来的良知的土壤。

契诃夫拥有一颗园丁的心，无论是建造花园还是从事文学创作。

他坚信有意义的人生就在于创造性的劳动。园丁是大地上的造物主，作家是形象世界的造物主，他们都应该致力于培养人的德性、精神与心智。

在梅利霍沃，他带领全家修葺房屋，油漆地板，种植树木花卉，建起果园和菜地。在雅尔塔的白色别墅，看到亲手培育的茶花盛开的时候，他雀跃如同孩子。他给一生中唯一真爱的人献上自己栽种的玫瑰。他从自然万物的生长中，感受到生命的馈赠和幸福的恩赐。如果我们理解他在小说《大学生》（1894年）中谈到的那种“灵魂里掀起的快乐”，体会到小说结尾那段话的深意，或许我们就会由衷地敬慕这一可爱的灵魂。

> “过去同现在，”他暗想，“是由连绵不断、前呼后应的一长串事件联系在一起的。”他觉得他刚才似乎看见这条链子的两头：只要碰碰这一头，那一头就会颤动。
>
> 他坐着渡船过河，后来爬上山坡，瞧着他自己的村子，瞧着西方，看见一条狭长的、冷冷的紫霞在发光，这时候他暗想：真理和美过去在花园里和大司祭的院子里指导过人的生活，而且至今一直连续不断地指导着生活，看来会永远成为人类生活中以及整个人世间的主要东西……于是生活依他看来，显得美妙、神奇、充满高尚的意义了。[5]

如何才能从苦难的生活中窥见生活的美妙、神奇、充满高尚的意义？

神学、哲学、艺术、文学很早就统一在了他觉醒的生活中，他的灵魂也早就进入了“澄明之境”。因此，即便在肺结核的折磨下，他依然能把寄居乡间的生活过得流光溢彩：他能与马尔科维奇的灵魂夜夜为伴；他怜悯世间那些沉沦和颓废的灵魂，并认为“清理精神世界的淤泥”“阻止心灵的消沉”也是伟大的事业；他对“艺术家总的纲领”孜孜以求；他说自己需要生活在人民中间，完全是出于生命的自觉，与政治和意识形态无关；他渴望着把血管里的奴性一点点挤走，成为一个真正的人，每天清晨都可以在生命的地平线上见到自由的阳光。

他亲自照料花园，挖掘池塘，栽种草药，每天花很多时间在花园里散步。他从国外购买花木种子，亲自栽培并精心护理，还给园林里的花草编目。他对播种苜蓿、观察群鸟、孵化小鹅等一切事情都感到新鲜有趣，没事就喜欢待在花园里，在那里观察果树、灌木，有时还自己修修剪剪。日久天长，他逐渐养成一种习惯，无论是侍弄花草还是垂丝钓鱼，或者与人谈话，他都能同时进行和写作有关的思考与工作。对于花园的痴迷和身处自然的骄傲，洋溢在他写给友人的信中。“夜莺又在凄厉地悲啼，月亮彻夜都在苦闷地思念着情人。”“白头翁正陶醉在天伦之乐之中，高唱赞美大自然的颂歌。”他说亲近大自然是幸福的必要条件，舍此不可能有幸福。

多么有趣而深情的灵魂！

1 [俄]伊利亚·爱伦堡：《重读契诃夫》，童道明译，北京燕山出版社 2018 年版，第 113—114 页。

2 [俄]契诃夫：《万尼亚舅舅·三姊妹·樱桃园》，焦菊隐译，上海译文出版社 2017 年版，第 17 页。

3 [俄]契诃夫：《契诃夫书信集》，朱逸森译，上海译文出版社 2018 年版，第 98 页。

4 [俄]契诃夫：《契诃夫论文学》，汝龙译，人民文学出版社 1958 年版，第 70 页。

5 [俄]契诃夫：《契诃夫小说全集·第 9 卷》，汝龙译，上海译文出版社 2000 年版，第 170—171 页。

契诃夫肖像画，布面油画，
尼古拉·巴甫洛维奇·契诃夫创作，1880 年

第 1 章

俄罗斯的园丁

Русский садовник

梅利霍沃的太平花树

在感悟契诃夫的人生和艺术的时候，似乎找不出比“园丁”这个词更合适的了。

契诃夫热爱土地和自然，热爱俄罗斯乡间荒废的庄园。他在梅利霍沃和雅尔塔动手建造自己的花园，亲手培植土壤、种植花木，犹如一位真正的园丁。正如阿姆菲捷阿特罗夫所说的那样：“契诃夫把巨大的才华、敏锐的才智、明亮的灵魂和无限的仁慈结合在一起。”[1]这种美好的结合既存在于他的文学和戏剧中，也存在于他所钟爱的大自然中。大自然赋予他无限的遐想和创造力，他将其储存于文学的精神器皿之中。他斟酌词句犹如耕耘土地。

正如他在小说《醋栗》（1898 年）中所写的那样：

……我们的童年是在乡间自由自在地度过的。我们完全跟农家的孩子一样，白天晚上都待在田野上、树林里，看守马匹、剥树皮、钓鱼，等等……你们要知道，谁一生当中哪怕只钓到过一次鲈鱼，或者秋天只见过一次鸫鸟南飞，看它们怎样在晴朗凉爽的日子里成群飞过乡村，那他就再也不想做城里人了，他一直到死都会向往那种自由的生活。[2]

契诃夫总是能在自然中发现无言的美，体会到不可言说的幸福，感受到存在的本源。若干年后，我们读到卡尔维诺笔下的那些生活于城市底层的人物。他们没有城里人的眼睛。他们看到的是候鸟归来，是公园长椅上空的漫天繁星，是风携带来的孢子在城市中心顶起了泥土。而契诃夫看到的，是 20 世纪的大多数现代人所看不到或者不屑于看到的“自然最伟大的奇迹”。作为园丁，他用手培植花园，同时用思想和心灵培植文学世界的良知。

在西方的文化传统中，花园是永恒的象征。它是人类逃离历史的喧嚣和狂躁的庇护所，是人类对于美好彼岸世界的终极想象。《圣经》中的伊甸园，是上帝赐予人类的，是亚当和夏娃曾经生活的花园。那里四季如春，远离困苦，尽善尽美，无须艰苦的劳动。那是上帝的馈赠，是圆满自足的圣地。再如但丁笔下的乐园，那里一年四季永远是春天。在灵魂的庭院中，每一片花瓣都沉浸在爱和光中。

人间的花园则不一样。人间的花园有岁月荣枯，需要持之以恒、艰苦卓绝的耕耘和培育。吉尔伽美什历经千辛万苦、长途跋涉最终到达永生的“太阳花园”后，却发现那里的幸福与自己并无关系——那个天神的花园不属于凡人。于是，他又重新回到那充满苦难的乌鲁克城。《荷马史诗》中的英雄奥德修斯抵御了海妖塞壬的诱惑，拒绝了卡吕普索的挽留，没有留恋永生不死的仙境花园，宁可在海上漂流十年，历经九死一生回到伊萨卡岛的故园与妻儿团聚，在阿尔喀诺俄斯花园中劳作。花园是薄伽丘笔下的避难所，人们从危险的瘟疫肆虐之地来到“百花盛开的草地”。弥尔顿综合了天堂和地狱以及各种其他事物，创造出一个世俗的伊甸园。培根在《说园》中描绘了人间花园的模样，它要有草坪、旷野、篱墙和绿草……无论是吉尔伽美什、奥德修斯，还是薄伽丘、弥尔顿、培根，抑或是许多如同契诃夫那样的灵魂，他们所向往的并不是天国的花园，而是一座属于人的花园，一座可以生长出真正的人性的花园。

永恒的花园在时光之外，它脱离大地，存在于人的想象之中。至善至美、无须耕耘的花园，也是游离于生命之外的花园。真正属于人的花园，必须由人自己来开辟，必须由人自己的汗水去浇灌。大地的花园需要生命的供奉，需要付出年复一年的劳作，唯有如此，人们才能拥有诗意的栖居。

契诃夫经常描写花园，无论是苹果园还是樱桃园。花园是他对生活最美好的遐想和寄托，也是他对生活最平和的信任。花园在春天苏醒，在秋天收获果实，其间包含着不知疲倦的耕耘和劳作，从过去到未来，从贫瘠到富有。在他看来，凡人的幸福，就在于永恒不息地抗拒腐朽和死亡的过程之中——只有在这个过程中，才有着对季节、生命和时光最真切的体验。

不经耕耘便果实累累的天国花园独立于时间之外，没有荣枯，永恒不死，也就无所谓美和不美。唯有生命有限，美才成为必需，才成为可能。事物一旦缺失了时间的钤印，缺失了荣枯变化，也就无所谓美，美

野鸭在梅利霍沃的池塘中嬉戏，2020 年

的意义也就不复存在。即便是伊甸园的美，也是以人世间的艰难、时间意义上生命的短暂作为参照的。如果没有这样一个参照，它的美也就没有了根基，失去了意义。

花园给予人栖居在大地上的最好理由。

在契诃夫的小说和戏剧中，有多少或美好或凄凉的花园。花园是契诃夫文学中最重要的意象世界和意义空间，我们可以强烈地感受到他的目光。他总是不由自主地回望那一个“荒废的花园”，那就是俄罗斯的过去，是行将告别的19世纪。他也在守望一个“新生的花园”，那就是俄罗斯的未来，他无限向往的新世纪。在小说《游猎惨剧》（1885年）中，他叹息着被废弃的花园：“您每走一步都可以看见桑树、伏牛果树、法国贝加摩橘树，甚至齐墩果树……这儿还有人造的山洞，然而已经有点倒坍，生满青苔。这里有喷泉，还有池塘，专为蓄养金鱼和供观赏的鲤鱼用。还有山冈，凉亭，珍贵的温室……这种由祖祖辈辈积累下来的罕见宝藏，这种由饱满的大玫瑰、饶有诗意的山洞和没有尽头的林荫路合成的财富，却被野蛮地弃置不顾，听任野草丛生，盗贼砍伐，寒鸦在珍奇的树木上毫不客气地搭起难看的窠！”[3]

就在这“荒废”和“新生”之间，他书写了多少悲欣交集的故事；就在这“荒废”和“新生”之间，他鄙视一切无所作为的空虚颓丧、哀叹愁思，鄙视一切不切实际、凌空蹈虚的无聊口号。契诃夫以园丁的姿态躬耕土地——他的土地，既是脚下苦难的大地，也是文学神圣的大地。园丁用泥土，如同作家用文字，建造着生命的纪念碑。

幼年时曾被夺走家园的契诃夫，一直在寻找和重建心灵的家园。

重建家园的希望，包含着修复人生的种种伤害，包含着救赎自我生命的内在力量。在莫斯科、在苏梅、在鲁克、在阿列克辛、在梅利霍沃，在一个又一个荒芜却充满诗意的园子里，在绝大部分人厌弃那些“寥落荒芜的花园”时，他选择不离不弃。

《海鸥》中的妮娜就是契诃夫笔下出走伊甸园的夏娃。为了艺术，她逃离父亲和继母的严苛监管，和特里波列夫在小戏台上演出戏剧；为了艺术，她舍弃安逸的生活，远行莫斯科，最终被驱逐出“一成不变的花园”，再也回不到那个“安乐的伊甸园”。这既是她的不幸，又是她的大幸，是她返回真正的自己的开端。为理想，她甘愿奉献自己，受尽磨难并不懈耕耘。在生活中耕耘，其本质是在心灵的花园里耕耘，并通过日复一日、年复一年的诚实劳动，建设属于自己的乐土。人生本来就包含着出走伊甸园、经历苦难的跋涉、寻找至高无上的智慧和幸福的过程。

作为园丁的契诃夫，在属于自己的土地上倾心奉献。在他看来，收获果实是对诚实劳动的必然馈赠，默默无闻地培植土壤才是一位园丁的天职。我们很难想象，那只握笔的纤细的手，那只拿手术刀的手，同时也是捧握土壤的手。土壤是园丁永远需要照顾的病人，也是园丁永远日思夜想的恋人。那些松软的、坚硬的、细润的、粗粝的、热腾腾的、冷冰冰的泥土，经过太阳炙烤后的那种蓬松感，仿佛是新出炉的面包和蛋糕，让他感到亲切而又可靠。他那双诊断疾病的手，同样可以通过土壤的质感判断播种的时间，判断用什么土来种树，什么土来种花，什么土来种草药——他熟悉土性犹如熟悉病理。

在梅利霍沃，他刚刚修剪完玫瑰，又急着去察看他的秋罗、庭荠、玉簪花和薰衣草。在雅尔塔的白色别墅，他为心爱的玫瑰祈祷阳光雨露和适宜的温度，如同儿时做弥撒那样虔诚。和作为虔诚东正教徒的父亲不一样，契诃夫并不笃信宗教，也不日日祈祷，但是他祈祷蚜虫、白粉病远离他的玫瑰。契诃夫的苹果每到秋天就挂在枝头，他在草木生长中，对上帝是否存在做出新的诠释——上帝不在超验的彼岸，而就在此岸，通向天国的道路完全仰赖人类自己。他梦寐以求的就是在自己的花园里生长着世上的奇花异卉。他特别喜欢苹果树和樱桃树。家人回忆说，每当他望着粉白色的苹果花时，便会露出温存和幸福的表情。

契诃夫在园艺中悟出一个基本的道德准则，人所要给予这个世界的必要超出他的索取，否则就谈不上良知和德行。正如罗伯特·波格·哈里森所说："给予与索取之间的不平衡，首先是一个生命的原则。哪里给予多于索取，哪里才有生命。"[4]

园丁对土地只有给予。他的姿态是谦逊的，因为他懂得最终是时间造就了玫瑰和花园。有些树木没有五年十年是显不出雄伟的，有些花卉没有两年三年是不会开花的，因此必须学会敬畏自然的规律。这种感悟与生命的终极体验相联系。生命在最高层次的体悟，便是汇入永恒的宇宙，并生发出谦卑感和敬畏感，以及一种灵魂的狂喜。

花园安放了契诃夫的心。他的文学创作和日常劳动都指向人生的意义。

当番红花的芽尖从草皮中露出来，当迎春花鼓胀着花苞，当沉睡了一季的草木迫不及待地抽出芽条，当林子里的鸟儿热闹起来，春天就捎来她的信号。每个春天都让契诃夫感到幸福和满足。他曾这样描绘梅利霍沃的春天：

……野外的景色瑰丽迷人，那么富有诗意，使人耳目一新，因而也就抵偿了我们生活上有种种不便的缺憾。每天都有意想不到的事情发生，一件比一件有意思。椋鸟飞来了，潺潺流水处处可见，积雪消融的地方

梅利霍沃的槭树

梅利霍沃的梨树

草开始返青。时间充裕极了，似乎每一天都过不完。住在这儿，就如同住在澳洲的世外桃源。假如你不可惜过去的时光，也不期待未来，就会产生一种平静、悠闲、超凡脱俗的感觉。由此可见，从远处观察，人显得很美好，这也是自然的，因为我们来到农村，躲避的不是人，而是自己的虚荣心，这种虚荣心在城里人的圈子里往往过分地强烈而荒谬。我眼望春天，心中渴望世界上能出现一个天堂。[5]

契诃夫总是不由自主地往花园跑，刚吃完饭就扔下汤勺，扑向他的花圃，饶有兴致地瞧着那些优雅清亮的嫩芽儿。在他看来，每一片来自虚无的芽儿，都是造化最伟大的奇迹。康德把那种出于责任的动机而服从道德律的意志称为“神圣意志”。这种神圣意志可以唤起一种完全的善，崇高的美，以及生命意义上全然的自由。花园是契诃夫自由的王国。他在那里观察果树、灌木、花草，时而找来木条和竹竿，支撑刚种下的歪歪扭扭的樱桃树、苹果树、山楂树、槭树、紫丁香、玉兰花、太平花等。他在新开辟的花园小径的两旁撒上香蒲和虎尾草的种子，有时还自己拿着剪刀到处修修剪剪。对于心爱的玫瑰，他有着操不完的心，犹如一位慈爱的父亲，担心刚出生的孩子活不过莫斯科的冬天。

契诃夫笔下的原野，是俄罗斯历史和文化的后花园，也是俄罗斯历史的隐喻空间。绝大部分人认为，园艺是生活的一部分。但契诃夫领悟到，生活才应该是园艺的一个组成部分。在《海鸥》《万尼亚舅舅》《三姊妹》《樱桃园》等作品中，“花园”这一意象都作为主要的形而上的审美空间和意义空间而出现。花园是大地的馈赠，每个新的日子都是从过去的一天中生长出来的，就像每一株新芽都是从苍老的树干上萌生出来的。契诃夫认为苦役犯开辟的花园比贵族的花园更为深刻。他在萨哈林岛看到苦役犯种植的蔬菜以及窗台上摆放的洋海棠，非常感动。美对于所有人都是平等的。即使终身服役、失去自由，也根除不了人对于美和善的信仰，以及对美好生活的向往。

1 Peter Sekirin, *Memories of Chekhov: Accounts of the Writer from His Family, Friends and Contemporaries*, McFarland, Jefferson, N.C., 2011, p.51.

2 [俄] 契诃夫：《契诃夫小说全集 · 第 10 卷》，汝龙译，上海译文出版社 2000 年版，第 170 页。

3 [俄] 契诃夫：《契诃夫小说全集 · 第 3 卷》，汝龙译，上海译文出版社 2000 年版，第 20—21 页。

4 [美] 罗伯特 · 波格 · 哈里森：《花园：谈人之为人》，苏薇星译，生活 · 读书 · 新知三联书店 2011 年版，第 35 页。

5 [俄] 玛丽雅 · 巴甫洛芙娜 · 契诃娃：《遥远的过去：我的哥哥契诃夫》，史永利译，中央编译出版社 2011 年版，第 109 页。

梅利霍沃花园小径两旁的太平花和落新妇

高大的槭树守护着契诃夫的花园

契诃夫在莫斯科大学的毕业照，1884 年

第 2 章

自然之子

Сын природы

1860 年 1 月 29 日，安东·巴甫洛维奇·契诃夫出生于俄罗斯南部的塔甘罗格。1860 年是农奴制在俄国存在的最后一年，第二年爆发了俄国第一次资产阶级革命。作为一名置身于启蒙思想和现实主义文学潮流中的作家，契诃夫的小说和戏剧是在 19 世纪俄国社会大转折、大动荡、大分化的土壤中诞生的。在四十四年短暂而艰难的人生中，他见证了一个农奴制国家向现代国家的转变。站在世纪交替悬崖边的契诃夫，敏感于历史的沉疴、时代的阵痛和未来的召唤。当我们回溯契诃夫的人生时，会强烈地感受到时代转型和人生际遇在其文学作品中的深刻烙印。

有两份资料比较直接地向我们展示了契诃夫的真实情况：一份表明了他的出身，一份表明了他真实的内心世界。

第一份资料是契诃夫自己写的简历。关于契诃夫的生平，最可靠的资料来自一封信。1891 年 8 月 14 日，契诃夫暂住包吉莫沃时，给奥古斯丁·费尔扎尔写了一封信。信上提到《新时报》书店曾通过费尔扎尔

契诃夫出生的房子，塔甘罗格

转给契诃夫一项要求，让他提供关于自己的生平材料。于是契诃夫就写下了这样一份个人简历。

致奥古斯丁·费尔扎尔

1891 年 8 月 14 日，包吉莫沃

阁下！

根据您通过《新时报》书店转给我的要求，我向您提供自己的生平材料。

我于 1860 年出生在塔甘罗格（在亚速海岸）。我的祖父是乌克兰人，是一个农奴。在解放农奴以前他就赎买了一家人的自由，其中也包括我的父亲在内。父亲是做买卖的。

我曾在塔甘罗格中学受过教育，以后在莫斯科大学医学系受教育，从那里毕业时获医生学位。1879 年我开始从事文学活动。我曾为许多定期刊物撰稿，发表的主要是一些篇幅不大的短篇小说，这些小说以后就成了以下几本集子的材料：《五颜六色的故事》《在昏暗中》《短篇小说集》《阴郁的人们》[1]。我也写过剧本，这些剧本曾在国营和私营的剧院里上演过。

1888 年皇家科学院授予我普希金奖。

1890 年我穿过西伯利亚到萨哈林岛旅行，目的是了解苦役劳动和流放移民区。待我写的关于萨哈林岛的书出版后，我寄一本给您，而为此也请您将您翻译的我的小说寄给我。

我名字叫安东·巴甫洛维奇。

此致敬意，有幸为您忠顺地效劳的

安·契诃夫[2]

第二份资料是1894年3月27日契诃夫在雅尔塔写给苏沃林[3]的一封信，信中详细地谈到了自己的一些情况。他告诉苏沃林，自己在雅尔塔住了一个多月，深感乏味，想去基辅瞻仰圣地，享受乌克兰的大好春光。那段时间他突发严重的肺病，但是口袋里只剩下250卢布了。可能是感到孤独，他写下了这封特别长的信，好像是一段细腻的心灵告白。

致阿·谢·苏沃林

1894年3月27日，雅尔塔

您好？我住在雅尔塔已经差不多一个月了。雅尔塔乏味极了。我住在“俄罗斯”饭店39号房间，而住在38号的是您喜爱的女演员阿巴里诺娃。这里的天气已是春天的天气了，暖和晴朗，海阔天空，然而这儿的人们却是非常沉闷的，无精打采，没有生气。我做了一件傻事：把整个3月份都交给了克里米亚。应该到基辅去才对，在那里瞻仰圣地和静观乌克兰大好春光。

我咳嗽还没痊愈，但4月5日我仍然要北上，回老家。我不能再在这里待下去了。再说钱也没有了。我随身只带了350卢布。如果除去来回的路费，那就只剩下250卢布，而用这几个钱是吃不胖的。如果我有1000或者1500卢布，我就会上巴黎去了，而这从各方面来看都会是很好的。

总的说来我是健康的，只是某些部分有病。例如，咳嗽，心律不齐，痔疮。有一次，心律不齐持续了6天，感觉一直非常糟糕。自从我戒烟后，忧郁和惶恐的情绪已经没有了。也许，由于我不吸烟了，托尔斯泰的教义不再感动我了，现在我内心深处对它没有好感，而这当然是不公道的。在我身上流着农民的血，因此凭农民的一些美德是不能使我感到惊讶的。

我从小就信仰进步，而且也不能不信仰，因为在打我和不再打我这两个时代之间，存在着巨大的差别。我喜爱聪明的人，喜爱礼貌、机智和神经过敏。对于一些人挖老茧，而他们的包脚布散发出臭气——对于这一切我是抱无所谓态度的，就同我对小姐们早上带着卷发纸走来走去毫不在乎一样。但托尔斯泰的哲学曾经强烈地感动过我，它控制了我六七年，而且对我起作用的并非一些基本论点，因为这些论点我以前也知道，而是托尔斯泰的表达方式，他的审慎明智，可能还有他那种独特的魅力。现在呢，我心中有一种东西在抗议，算计性和公正感告诉我：对人的爱，在电力和蒸汽中比在贞节和戒绝肉食的做法中多一些。战争是罪恶，法院是罪恶，但由此并不得出结论说，我应当穿树皮鞋，应当跟长工和他的老婆一起睡在炉台上，等等。但问题并不在这里，不在于"赞成和反对"，而在于对我来说，不管怎样，托尔斯泰已经消失，我心灵中已经没有他了，而他在从我心中出走时说：我把您的空房子留下来。现在没有什么人留宿在我的心灵中了。各种各样的议论都使我厌烦了，而像玛克斯·诺尔道这样一些只说空话不干实事的人所写的东西，我读了就反感。发寒热的病人不想吃饭，但他们还想吃些什么，于是他们就这样表达自己的模糊愿望说："给我一点儿酸酸的东西吃。"同样现在我也想要一点儿什么酸酸的东西。而且这并非偶然，因为我在周围人们身上发现了同样的情绪。好像是这样，以前大家都在热恋之中，而现在都不再爱了，都在寻找新的情人和爱物。很可能是这样，也很像是这样：俄国人又要迷恋自然科学了，唯物主义运动又流行起来了。现在自然科学正在创造奇迹，他们会像玛玛依那样，推向民众，并以自己的巨大和宏伟征服民众。不过，所有这一切全在上帝的手中。你要是空谈起来，你的头脑就会发昏。[4]

弗拉迪米尔·达维多夫、契诃夫、帕维尔·斯沃博丁和苏沃林，圣彼得堡，1889 年 1 月

在这封重要的信中，他谈到了自己的身体状况，戒烟之后的好处，经济上的拮据，内心的孤独感，特别谈到了他已经逐步摆脱托尔斯泰思想对自己的影响。对俄国思想界的现状，特别是对那些只说空话不干实事的文学界重要人物，他深感厌恶。

作为农奴的儿子，童年的契诃夫体验过种种屈辱和伤害。同其他俄罗斯作家相比，作为一个平民作家，契诃夫的精神和人格，经历了一个更加艰难的升华过程。但是，他最终摆脱了世俗的偏见和伤害可能带给自己的精神扭曲，不仅使自己从农奴身份的外在桎梏中解放出来，更重要的是使自己的灵魂从内在枷锁中完全超越出来，最终成为一个真正意义上的“精神贵族”。

契诃夫的故乡塔甘罗格是个港口城市。童年时代的契诃夫常常和哥哥们一起去港口钓鱼、游泳，还喜欢去市政公园散步，在那里不知疲倦地眺望着远方的大海、桥梁和船只。他在小说《贵族女子中学学生娜坚卡的假期作业》（1880年）中这样感叹大自然的美：“大自然美极了。幼小的树木长得很密，还没有任何人的斧子碰到过它们的苗条树干。细小的树叶造成一片虽不浓重却几乎连绵不断的阴影，落在柔软的细草上，而草丛中点缀着毛莨的金黄色小花、风铃草的小白花、石竹的深红色小十字花……在朝霞放光的地方有一群鸟在飞。在一个什么地方，有个牧人在放牧他的畜群。有些白云在比天空略为低点的地方飘飞。我非常喜欢大自然。”[5]

契诃夫家世代是农奴。爷爷叶戈尔·契诃夫辛苦劳作了三十年，攒够了3500卢布，赎回了自己和家人的自由。契诃夫的父亲巴维尔·叶戈罗维奇娶了服装商人的女儿叶甫盖尼娅，在塔甘罗格开了一家杂货铺，成了一名小商人，还在商人同业协会里谋得了会员的身份。

契诃夫家的杂货铺，1977 年作为博物馆开放

从塔甘罗格去往爷爷奶奶家的途中有一片广袤的大草原，契诃夫曾多次往返，沉醉于它的美丽与生机，也敬畏于它的深邃与神秘。他的母亲告诉他，当年外祖母曾带着她穿越茫茫草原，寻找死于霍乱的外祖父的坟墓。[6] 据契诃夫的弟弟米哈伊尔回忆："这次旅行给她们留下了不可磨灭的印象。她们穿越茂密的原始森林，寄宿在监狱式的客栈，遭遇过抢劫和谋杀的恐怖。只有当她们到达亚速海附近广阔的大草原时，她们才能安然地睡在辽阔无垠的天空下，把自己全然交给大自然，远离人间那些邪恶的袭击和无止境的恐惧。"[7] 这个穿越草原的故事成为契诃夫日后取之不尽的故事来源，母亲的讲述对于培养契诃夫兄弟的文学感知力和想象力起到了至关重要的作用。这段幼年记忆后来被写进了他最著名的中篇小说《草原》（1888 年）。

《草原》通过刻画叶果鲁希卡的经验世界，用很大篇幅描写了草原上的自然万物。契诃夫描绘掩藏在苍翠的樱桃树中的白色十字架和白色墓碑，描绘割下来的黑麦、杂草、大戟草、野麻，描绘在大道上面的天空中飞翔的小海雀，在青草里互相打招呼的金花鼠，悲鸣的凤头麦鸡，还有草丛中螽斯、蟋蟀、蝼蛄的鸣叫。他描绘无精打采的 7 月草原，深邃而清澄的天空，以及仿佛在思考着乏味生活的鹰——它箭也似的飞过草原。他描绘炽热的阳光吮吸干焦土地上仅有的水，旋风从大地上抢走一株株麦秸，被黄昏的暗影遮住的远方，还有那苍白无力的月夜，布满繁星的微微发绿的天空……契诃夫把大自然告诉他的一切都告诉我们。他写道："在月光里，在夜鸟的飞翔中，在你看见而且听见的一切东西里，你开始感到美的胜利、青春的朝气、力量的壮大和求生的热望。灵魂响应着美丽而严峻的故土的呼唤，一心想随着夜鸟一块儿在草原上空翱翔。在美的胜利中，在幸福的洋溢中，透露着紧张和愁苦，仿佛草原知道自己孤独，知道自己的财富和灵感对这世界来说白白荒废了，没有人用歌曲称颂它，也没有人需要它。在欢乐的闹声中，人听见草原悲凉而无望地呼喊着：歌手啊！歌手啊！"[8] 草原对于叶果鲁希卡或者说对于契诃夫而言，充满了生命的实质和神圣的启示。童年的叶果鲁希卡带着对家乡的怀念与不舍，走向了属于他的草原，穿越草原去经历属于他的人生，一如契诃夫自己的人生。

1887 年，当契诃夫重返故乡时，他描述了这座由彼得大帝建造，在克里米亚战争后千疮百孔，曾经美丽而今疲惫不堪、充满忧伤的城市：肮脏而泥泞，人们普遍懒散，没有文化，只对几个小钱感兴趣。"只知道吃吃喝喝，生儿育女，别的什么兴趣也没有，你不论走到哪里，触目皆是大面包鸡蛋，桑托林果酒，吃奶的孩子，但是哪里也没有书，没有报……从各方面来看，这个城市的地理位置是很有利的，气候宜人，物产丰富，可是居民们的情况已到了无以复加的程度……"[9]

1876 年 4 月，契诃夫的父亲被承包商欺骗导致破产。为了躲避债务和刑罚，他逃往莫斯科。契诃夫的妹妹玛丽雅在回忆录中写道："他为了躲债，几乎是从塔甘罗格逃到莫斯科去的。"[10] 塔甘罗格的房子被强制抵债。这件事情使全家的生活急转直下，坠入困顿与窘迫。那年7月，母亲带着孩子们去莫斯科投奔父亲，只留下契诃夫一人继续在塔甘罗格完成学业。那段时间契诃夫在物质上十分窘迫，仅靠打零工、做家教和变卖家里的物品，维持在莫斯科的家人以及自己的生活。玛丽雅回忆那段时期的哥哥契诃夫："他穿着一双烂靴子去给他人补习功课，取得微薄的收入，这样便能定期给莫斯科寄些小包裹。"[11]

关于契诃夫的初恋并没有确切的记录，不过我们可以在米哈伊尔的回忆录中读到这样一件美好的往事。当年独自在塔甘罗格生活的契诃夫，曾经遇到过一位在井边汲水的少女。"当时还是个中学生的安东·巴甫洛维奇站在一口孤井旁，望着水里自己的影子。一个十五岁左右的女孩子来取水。未来的作家见到她就着了迷，竟至立即拥抱她，跟她亲吻。后来，他们俩还在井边站了很久，默默地望着井水。他不想离开，而她也完全忘记自己是来取水的。"[12]

契诃夫在草原地区度过了少年时代。俄国中部的自然风光具有一种非同寻常的美。玛丽雅回忆那时的生活："我们几乎每天都结伴到城郊的林地里去游玩，高高兴兴，有说有笑，也常去新耶路撒冷修道院，那里有许多古迹。安东·巴甫洛维奇非常喜欢钓鱼，他在伊斯特拉河边守着钓竿，一坐就是几个小时。"[13]

契诃夫自小就有强烈的同情心，每当看到被关在笼子里的鸟就感到特别难过。用仅有的零钱买鸟并放生，是少年契诃夫经常做的事情。十七岁那一年，他看到有几个孩子抓了两只啄木鸟，想要以 20 戈比的价钱出售，契诃夫讨价还价花了 5 戈比买下后就把鸟放了。没想到得了便宜的孩子们贪心不足，又给他抓来一堆。契诃夫先假装把鸟儿收下，然后回敬了个"脖溜儿"[14]，吓跑了这几个逮鸟的孩子。[15]他的《蟒蛇与家兔》《在林中》《在春天》等作品，写的都是1887年少年南行的所见所闻。传记作家格罗莫夫说："他持有一种对大地上一切有生之物——鸟、动物、鲜花——的罕见理解。"他这样悲悯着俄罗斯的候鸟："冷得要命，不过那些可怜的鸟儿已经飞到俄罗斯来了！驱使它们的是对祖国的思念和热爱；如果诗人们能知道，有千万只鸟儿成了思念和热爱故乡的牺牲品，多少鸟儿冻毙在途中，它们在3月或4月初飞回祖国后遭受了多少苦难——如果诗人们能知道这一切，那他们早就会歌颂这些鸟儿了……请您为长脚秧鸡设身处地想一想，它一路上不是飞翔，而是步行，或者请您设想一下，野鹅为求不冻僵，它活活地落入了人的手掌……在这个世界上生活可真是艰难啊！"[16]

契诃夫热爱大自然，对万物充满共情和悲悯，在他很多作品的细节描写中都饱含着这一点。他在《林妖》《万尼亚舅舅》中把赫鲁舒夫医生和阿斯特罗夫医生写成森林的保卫者，这和他本人对大自然的热爱有着极为密切的关系。

《林妖》中沃依尼茨基替赫鲁舒夫说出了他对森林的爱，他说：

> ……我几乎能背出您所有的，对于森林的辩护词……你们，噢，人们，你们在毁灭森林，而森林可以美化大地，森林可以教会人懂得什么是美，在他心中唤起神圣的感情，森林可以使严酷的气候变得温和，在气候温和的国家跟自然做斗争不太费力，因此那里的人的性格也更温和，更可爱。在那里，人长得漂亮、灵巧、反应敏捷，他们的谈吐很优雅。他们的动作很协调。他们的科学和艺术很繁荣，他们的哲学不阴暗，他们对待妇女的态度充满着关怀，诸如此类，不一而足……[17]

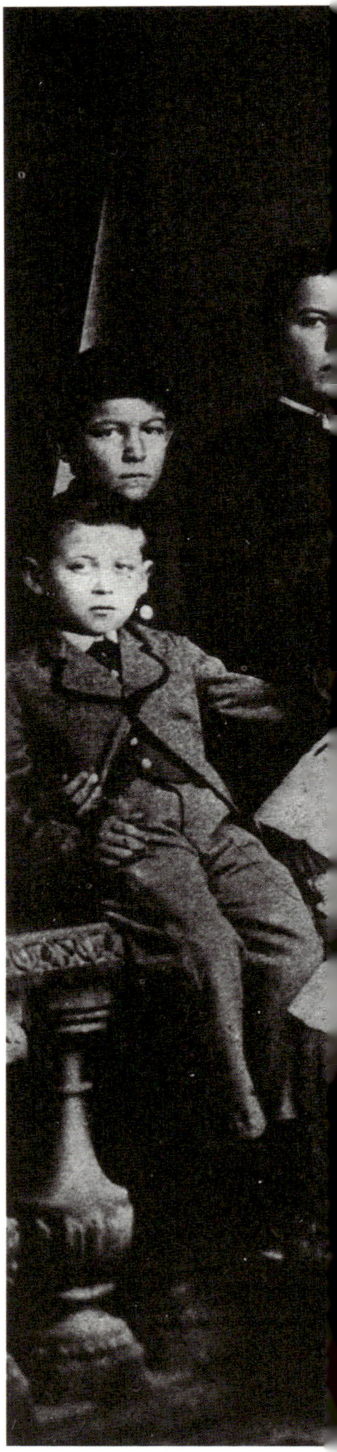

契诃夫家族，1874 年在塔甘罗格。后排从左到右：伊万、契诃夫、尼古拉、亚历山大和他们的叔叔米哈伊尔；前排从左到右：弟弟米哈伊尔、妹妹玛丽雅、父亲巴维尔、母亲叶甫盖尼娅、婶婶柳德米拉和表弟乔治

《万尼亚舅舅》中索尼雅替阿斯特罗夫医生说出了关于森林和美的见解：

> 森林能使土地变得美丽，能培养我们的美感，能够提高我们的灵魂。森林能减轻气候的严寒。在气候温和的国度里，人就不必耗费太多的精力去和大自然搏斗，所以那些地方的风土人情就比较柔和，比较可爱。那里的居民是美丽的、灵巧的、敏感的，他们的言谈优雅，他们的动作大方。在那样的国度里，科学和艺术是绚烂的，人们的哲学是乐观的，男人对待女人是很有礼貌的……[18]

19 世纪 80 年代，契诃夫全家每年夏天都会离开莫斯科去郊外度假。当时契诃夫的弟弟伊万在一个中学当教员，这所学校就在距离莫斯科不远的沃斯克列先斯克。那里有一座非常著名的修道院，名字叫“新耶路撒冷”。这座修道院是为了让俄国朝圣者不必长途跋涉去巴勒斯坦而修建的。修道院复制了耶路撒冷的圣殿格局，甚至还有两座《圣经》中的山——他泊山和黑门山。[19] 这座小城的景色异常优美，附近环绕着树林和牧场，伊斯特拉河穿城而过。小城附近是一派典型的俄罗斯中部风光，这些风光真实地呈现在了风景画家列维坦的画作中。契诃夫在沃斯克列先斯克度假时，经常徜徉在伊斯特拉河边。

1888 年 7 月，契诃夫到苏沃林在费奥多西亚的家中做客。在回忆这段闲散时光时，契诃夫说自己变得懒惰了。成天沉醉在美食、甜酒、烟火、游泳、晚宴、音乐会中……所有这一切都令人感到时日苦短，日子一天天不知不觉就过去了，而头脑在这样的喧闹中，昏昏然不想工作。离开克里米亚的时候，契诃夫居然一行字也没有写。他说如果沉湎于这种享乐生活，再过两周的话，自己就会一文不名。整天吃喝，无休止地闲谈，人变成了一架说话的机器。他意识到，享乐的生活或许不利于激发人的灵感和创造力，决定尽快踏上返程。他搭乘“尤诺娜号”轮船离开了费奥多西亚，前往高加索海岸。重新回归大自然，他感到喜悦无比，仿佛又重新回到了心灵的家园。他在信中写道：

奇妙的大自然令人如醉如痴，一切景色都蔚为奇观，犹如仙境，粗犷豪放，又生机盎然，桉树、茶树、柏树、雪松、棕榈、驴群、天鹅、水牛、灰鹤，而最主要的是连绵不断的群山、群山、群山……[20]

1889 年 5 月，契诃夫在苏梅住了一段时间之后，给苏沃林写了一封诗情画意的信。信中说：

天气好极啦！万物都在欢唱，都在开花，美不胜收！花园里一片葱绿，甚至连橡树也发出了嫩芽。为了防止虫蛀，苹果树、梨树、樱桃树和李树的树干都涂上了白色，这些树开的全是白花，因此它们极像一些举行婚礼的新娘：白色的衣裙，白色的花朵，一副天真烂漫的样子，好似由于有人在看她们而感到害羞。每天都有几十亿生物在诞生。夜莺、麻鹆、杜鹃以及其他禽鸟日夜不停地鸣叫，青蛙则为它们伴奏。白天和黑夜的每一个小时都各有特点。比如说，晚上 8 点钟左右花园里是一片小金虫的号泣声……夜间是皓月当空，白天是阳光灿烂……由于这一切我情绪很好。要不是时时咳嗽的画家，要不是连艾尔贝的药方也驱赶不了的蚊子，那我可真是一个十足的波将金了。[21]

自然的美赋予了契诃夫的心灵以美感和道德的最高体验。

小说《在峡谷里》（1900 年）描写了一个星光灿烂的夜晚，文字流淌出作者对于真理的感悟。“……好像有人在高高的空中，从那布满星斗的蓝天里瞧着下界，看见了乌克列耶沃发生的种种事情，注视着。不管罪恶有多么强大，可是夜晚仍旧安静、美好，上帝创造的这个世界里现在有，将来也会有，同样恬静美好的真理。人间万物，一心等着跟真理合成一体，如同月光和黑夜融合在一起一样。”[22] 最令人震撼的描写出现在小说的最后，当阿克辛尼雅用开水烫死了丽巴的孩子后，丽巴绝望地抱回了这具无辜的、小小的尸体。这时候，契诃夫没有描写母亲丽巴绝望的心情，而是描写她身处的自然：

> 一个人也看不见了。太阳盖上金黄和火红色的锦缎，躺下睡觉了。长条的云，红的、紫的，铺满天空，保卫着太阳的安宁。远处不知什么地方有一只大麻鸦在叫，声音哀伤而低沉，好像一条关在板棚里的母牛在叫。这种神秘的鸟叫声每年春天都听得见，可是谁也不知道它是什么样儿，住在什么地方。在山顶上医院附近，在池塘边的灌木丛中，在村子后边，在四周的田野里，夜莺婉转地啼鸣着。杜鹃数着什么人的年纪，数啊数的就乱了套，又从头数起。池塘里那些青蛙气冲冲地彼此呼喊，拼命地叫……这些生物这么唱啊嚷啊，仿佛是故意要在这春夜吵得谁也睡不着觉，好让大家，就连气愤的青蛙也包括在内，爱惜而且享受每一分钟。要知道生命只有一次啊。[23]

契诃夫以天地之间的无穷生机来反衬人间的死亡和母亲的绝望。他笔下的自然既是审美的，又拥有了道德的力量，这种内在的道德力量反

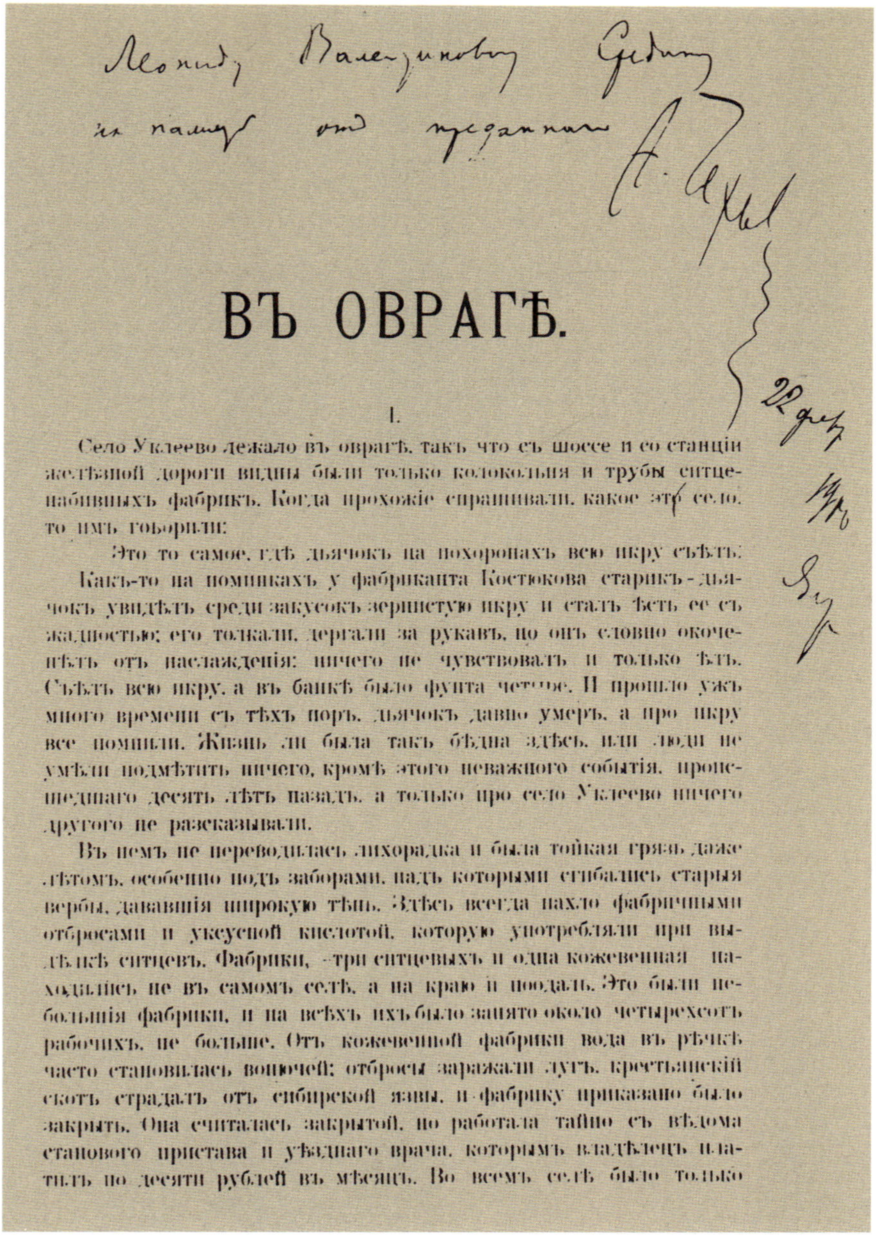

Леониду Валентиновичу Средину на память от преданного А. Чехова

ВЪ ОВРАГѢ.

I.

Село Уклеево лежало въ оврагѣ, такъ что съ шоссе и со станціи желѣзной дороги видны были только колокольня и трубы ситценабивныхъ фабрикъ. Когда прохожіе спрашивали, какое это село, то имъ говорили:

— Это то самое, гдѣ дьячокъ на похоронахъ всю икру съѣлъ.

Какъ-то на поминкахъ у фабриканта Костюкова старикъ-дьячокъ увидѣлъ среди закусокъ зернистую икру и сталъ ѣсть ее съ жадностью; его толкали, дергали за рукавъ, но онъ словно окоченѣлъ отъ наслажденія: ничего не чувствовалъ и только ѣлъ. Съѣлъ всю икру, а въ банкѣ было фунта четыре. И прошло ужъ много времени съ тѣхъ поръ, дьячокъ давно умеръ, а про икру все помнили. Жизнь ли была такъ бѣдна здѣсь, или люди не умѣли подмѣтить ничего, кромѣ этого неважнаго событія, происшедшаго десять лѣтъ назадъ, а только про село Уклеево ничего другого не разсказывали.

Въ немъ не переводилась лихорадка и была топкая грязь даже лѣтомъ, особенно подъ заборами, надъ которыми сгибались старыя вербы, дававшія широкую тѣнь. Здѣсь всегда пахло фабричными отбросами и уксусной кислотой, которую употребляли при выдѣлкѣ ситцевъ. Фабрики — три ситцевыхъ и одна кожевенная — находились не въ самомъ селѣ, а на краю и поодаль. Это были небольшія фабрики, и на всѣхъ ихъ было занято около четырехсотъ рабочихъ, не больше. Отъ кожевенной фабрики вода въ рѣчкѣ часто становилась вонючей; отбросы заражали лугъ, крестьянскій скотъ страдалъ отъ сибирской язвы, и фабрику приказано было закрыть. Она считалась закрытой, но работала тайно съ вѣдома становового пристава и уѣзднаго врача, которымъ владѣлецъ платилъ по десяти рублей въ мѣсяцъ. Во всемъ селѣ было только

短篇小说《在峡谷里》发表于《生活》杂志，上面有作者的题词和签名，1900 年 1 月

契诃夫肖像画，布面油画，
尼古拉·巴甫洛维奇·契诃夫创作，1884 年

衬了人间的罪恶和人性的残酷。

1891 年之后，契诃夫的手头宽裕了一点，他终于有钱去租一座庄园和别墅了。他在 1891 年 5 月写给苏沃林的信中提到，他在阿列克辛地区认识了一个名叫科洛索夫斯基的地主，在那荒芜却充满诗意的庄园里，租到了一栋大石房的顶层。信中说：

……我租了一幢大石房的顶层。美极了，您真不知道有多美！房间很大，像是在贵族会堂里一样，有一个奇妙的公园，公园中的林荫道是我从未见过的，有河流，有池塘，还有供我的父母祈祷的教堂，什么设备都有。紫丁香和苹果树都开着花。总而言之，真是非常之好！今天我就要搬到那儿去住……[24]

契诃夫在自然中找到了永恒的生命之源，以及融入这一永恒的生命之源的快乐，这种伟大的体验包含着对永恒之光的发现。即便是后来在萨哈林岛之行最艰难险绝的路途中，不论人生的景象如何凄凉苦恼，契诃夫还是怀着满腔热情，兴致盎然地写下他在流放地的见闻，从不曾忘记欣赏西伯利亚的景色，赞叹着无边无际的泰加森林。他赞叹泰加森林的威严与魅力并非寓于参天大树死一般的沉寂之中，而在于只有候鸟才知道何处是它的尽头。他尽情想象着古老森林所隐藏的秘密，他热情歌颂着叶尼塞河的雄伟壮观：

但愿我所说的不会刺伤那些倾慕和崇拜伏尔加河的人：我有生以来从未见过比叶尼塞河更为雄伟壮丽的河流。如果说伏尔加河是一位端庄秀丽、朴素无华和面带愁容的美女，那么叶尼塞河便是一位力大无穷、万夫莫当的勇士，他的青春活力是如此旺盛，以至于不知该往何处发泄。[25]

贝加尔湖、外贝加尔地区、阿穆尔河都给契诃夫留下了难以磨灭的印象。他告诉列伊金[26]，壮丽的外贝加尔地区，仿佛是将瑞士、顿河与芬兰的美集于一身。他感叹道："西伯利亚的景色在到贝加尔湖之前如同散文，而从贝加尔湖开始就如诗如画了。""阿穆尔河是非常有趣的界河……这里神奇极了。这里的生活热火朝天，这在欧洲是难以想象的。它，也就是这里的生活令我想起美洲的生活情景。夹河两岸野趣横生，神秘莫测，富饶丰美，令人今生今世都想卜居此地。"[27]

他还写信给苏沃林：

我爱上了阿穆尔河，想在这儿住上两三年。这里美丽、辽阔、自由和温暖。瑞士和法国从来不知道有这种自由。最低贱的流放者在阿穆尔河呼吸到的空气也比最高贵的将军在俄罗斯呼吸的空气要轻松得多。[28]

在萨哈林岛考察的契诃夫，每当黄昏时分便喜欢在河谷散步。他留恋那些火红的晚霞、深蓝的大海以及冉冉升起的皎洁明月。而远处如同来自地狱的火光，那森林中燃起的大火，以及煤炭燃烧的浓烟，都令他感到恐怖。在美好的人间发生的一切非理性的丑陋故事，总是令他感到痛苦和忧伤。

1 此处采用了朱逸森的翻译。在本书的其他地方，契诃夫的这两部作品采用了其他译名，《短篇小说集》为《梅尔帕梅尼的故事》（1884 年），《阴郁的人们》为《黄昏》（1887 年）。

2 [俄] 契诃夫：《契诃夫书信集》，朱逸森译，上海译文出版社 2018 年版，第 158—159 页。

3 阿 · 谢 · 苏沃林，《新时报》的出版人，一度与契诃夫交往密切。

4 [俄] 契诃夫：《契诃夫书信集》，朱逸森译，上海译文出版社 2018 年版，第 209—211 页。

5 [俄] 契诃夫：《契诃夫小说全集 · 第 1 卷》，汝龙译，上海译文出版社 2000 年版，第 17 页。

6 [法] 亨利 · 特罗亚：《契诃夫传》，侯贵信等译，世界知识出版社 1992 年版，第 8 页。

7 Mikhail Pavlovich Chekhov, *Anton Chekhov: A Brother's Memoir*, Palgrave Macmillan, New York, 2010, p.11.

8 [俄] 契诃夫：《契诃夫小说全集 · 第 7 卷》，汝龙译，上海译文出版社 2000 年版，第 133 页。

9 [俄] 格 · 别尔德尼科夫：《契诃夫传》，陈玉增译，黑龙江人民出版社 1988 年版，第 119 页。

10 [俄] 玛丽雅 · 巴甫洛芙娜 · 契诃娃：《遥远的过去：我的哥哥契诃夫》，史永利译，中央编译出版社 2011 年版，第 7 页。

11 [俄] 格 · 别尔德尼科夫：《契诃夫传》，陈玉增译，黑龙江人民出版社 1988 年版，第 15 页。

12 [俄] 谢 · 尼 · 戈鲁勃夫等编：《同时代人回忆契诃夫》，倪亮等译，广西师范大学出版社 2016 年版，第 54 页。

13 [俄] 玛丽雅 · 巴甫洛芙娜 · 契诃娃：《遥远的过去：我的哥哥契诃夫》，史永利译，中央编译出版社 2011 年版，第 21 页。

14 指打人的脑后或颈部，通常是一种开玩笑的举动。

15 [俄] 格 · 别尔德尼科夫：《契诃夫传》，陈玉增译，黑龙江人民出版社 1988 年版，第 121 页。

16 [俄] 格罗莫夫：《契诃夫传》，郑文樾、朱逸森译，海燕出版社 2003 年版，第 360 页。

17 [俄] 契诃夫：《没有父亲的人 · 林妖》，童道明译，上海译文出版社 2017 年版，第 241 页。

18 [俄] 契诃夫：《万尼亚舅舅 · 三姊妹 · 樱桃园》，焦菊隐译，上海译文出版社 2017 年版，第 17 页。

19 Mikhail Pavlovich Chekhov, *Anton Chekhov: A Brother's Memoir*, Palgrave Macmillan, New York, 2010, p.85.

20 [俄] 格 · 别尔德尼科夫：《契诃夫传》，陈玉增译，黑龙江人民出版社 1988 年版，第 160 页。

21 [俄] 契诃夫：《契诃夫书信集》，朱逸森译，上海译文出版社 2018 年版，第 98 页。

22 [俄] 契诃夫：《契诃夫小说全集 · 第 10 卷》，汝龙译，上海译文出版社 2000 年版，第 296 页。

23 [俄] 契诃夫：《契诃夫小说全集 · 第 9 卷》，汝龙译，上海译文出版社 2000 年版，第 302 页。

24 [俄] 契诃夫：《契诃夫书信集》，朱逸森译，上海译文出版社 2018 年版，第 152 页。

25 [俄] 格 · 别尔德尼科夫：《契诃夫传》，陈玉增译，黑龙江人民出版社 1988 年版，第 223 页。

26 尼 · 亚 · 列伊金，俄国幽默作家，出版幽默杂志《花絮》。

27 同注释 25。

28 [俄] 格 · 别尔德尼科夫：《契诃夫传》，陈玉增译，黑龙江人民出版社 1988 年版，第 224 页。

契诃夫在圣彼得堡，1888 年

第 3 章

狂热的园艺师

Садовод с энтузиазмом

让我们重读伊利亚・爱伦堡的这段经典描写：

> 他是一个狂热的园艺师，他播种花籽儿，移栽花苗，嫁接花木。他在尼斯旅游的时候，曾经担心自家花园里的两棵百合花被人踩坏。他在家书中恳求家人好好浇灌新栽的果木。在雅尔塔的别墅里，由他栽种的茶花开花的时候，他给在莫斯科的妻子发了电报报喜。他邮购树种，为幼苗寻找瓦罐，精心照料刚刚栽种的树苗。园艺并不单纯是他的一种嗜好，就如同很多人嗜好垂钓或打猎，他从树木的生长中，强烈地感受到了对于生命的肯定。[1]

契诃夫的很多作品都提到了别墅和庄园。他一直憧憬着有一块自己的土地，有属于自己的庄园和别墅，一家人在那里安居乐业。他说："我非常喜欢那一切在俄国叫作庄园的东西，庄园这个词尚未失去诗意。"[2]这个愿望直到后来他卖掉所有的著作版权后才得以实现。而当他真正拥有自己的土地时，却已临近生命的终点。其实他所要的不是庄园，而是融入自然的渴望。他在小说《醋栗》中借主人公伊凡・伊凡内奇的话说："离开城市，离开斗争，离开生活的闹声，走得远远的，躲进自己的庄园里，这不是生活，这是利己主义，懒惰，也算是一种修道生活，然而是毫无成绩的修道生活。人所需要的不是三俄尺土地，不是一个庄园，而是整个地球，整个自然界，在那广阔的天地中人才能表现他的自由精神的全部品质和特点。"[3]在他的创作中，常常把自然和幸福作为自己思考的坐标。他对大自然的热爱，一如对健康、纯洁、完善的人性的向往。

契诃夫不喜欢总是在一个地方待着。春天他喜欢去圣彼得堡，与那里的好友会面之后，再去库班河。4月和5月在库班河与黑海附近度假。

夏天去斯拉维扬斯克，或伏尔加河地区。冬天移居雅尔塔。雅尔塔气候温暖，因为他有肺病，需要在一个温暖舒适的地方度过漫长的冬天。

离沃斯克列先斯克不远的巴布金诺，是契诃夫一家经常去度假的地方，一家人在那里度过了 1885 年、1886 年和 1887 年的夏天。契诃夫曾写信给圣彼得堡的列伊金，具体讲述了他租住在巴布金诺基谢廖夫庄园的情况。基谢廖夫一家给契诃夫留下了美好的印象。这个家庭保留了契诃夫所喜欢的古老的贵族文化传统，他们所流露出的高贵教养和善良品性，令契诃夫肃然起敬。他们不是就把房子租出去了事，而是像对待贵宾一样，为契诃夫一家准备了应有尽有的生活必需品。不仅配有家具，而且还提供其他日用品，每天供应蔬菜和牛奶。这一切让契诃夫一家感受到来自真正贵族之家的教养和文化。

这个风景秀丽的庄园坐落在伊斯特拉河畔，附近就是大森林，别墅内有一个英国式大花园。花园对契诃夫有着天然的吸引力。清晨或傍晚，他在那里独自散步，古老的围墙边高大的夹竹桃、玉兰树和四季海棠，肆意疯长的紫藤和蔷薇，还有脚边不计其数的各色花草，让他感到舒适和自在。一切都沐浴在春光中。迷雾消散，鸟雀喧闹，每一滴露珠如同钻石。在阳光的作用下，花草混合的香气充盈着四周的空气，古老而又荒芜的花园是如此年轻和华美。每当这时，契诃夫就会感到，生活在一座有花园的房子里，是令人向往的生命的馈赠，唯有在花园里才能见证无时无刻不在创造出生命的自然与永恒。

小说《带阁楼的房子》（1895 年）中那个主人公闯入的陌生庄园，也许可以让我们体会到契诃夫在基谢廖夫家的花园里度过的那段时光：

有一次我回家的时候，无意中闯进一个我不熟悉的庄园里去了。太阳已经落下去，黄昏的阴影在开花的黑麦地里铺开来。两行高高的、栽得很密的老云杉，好比两堵接连不断的墙，夹出一条幽暗而美丽的林荫道。我轻巧地爬过一道栅栏，顺着那条林荫道走去，地上盖着云杉的针叶，有一俄寸厚，走起来滑脚。那儿安静而阴暗，只有树梢高处，有的地方颤抖着明亮的金光，在蜘蛛网上闪变出虹霓般的色彩。空中有一股针叶的气味，浓得叫人透不过气来。后来我拐了个弯，走上一条两旁是椴树的长林荫道。这儿也是荒凉而古老，去年的树叶忧伤地在我的脚下沙沙响，在暮色中，树木之间隐藏着阴影。右边古老的果园中有一只金莺用微弱的嗓音不起劲地歌唱，它一定也老了。可是后来，椴树林也到了尽头，我走过一所有露台而且带阁楼的白房子。出乎意料，我的眼前蓦地展现出一个地主的庭院，一个大池塘，还有一个浴棚，旁边栽着一片碧绿的柳树。对岸有个村子，矗立着一座高而窄小的钟楼，楼顶上的十字架映着夕阳，像在燃烧。一时间，我感到一种亲切而又很熟悉的东西的魅力，好像以前我小时候见过这些景物似的。[4]

5月的乡间，芳草泛绿，夜莺初啼，喜欢垂钓的契诃夫等来了最好的季节。米哈伊尔后来回忆那段时光说：“那美好的大自然，别提有多么令人神往了，英国式大花园也好，河流也好，森林也好，草地也好，全供我们尽情享用，就连聚集到巴布金诺的这些人都像精选出来的一样……基谢廖夫的岳父别基切夫，即马尔科维奇在长篇小说《四分之一世纪之前》中描写的那位‘阿沙宁’，是一位异常风趣的人，他对艺术和文学很有鉴赏力，我们弟兄常常连续几小时坐在他那间收拾得像闺房一样的屋子里，听他讲述自己在俄罗斯及国外的奇异经历。”[5]

按米哈伊尔所说，他们租住的别墅厢房曾经住过马尔科维奇[6]——

或许真的是马尔科维奇的灵魂夜夜与他相伴，在基谢廖夫庄园避暑的三年中，契诃夫的才华显露无疑，流光溢彩。这段时间可视为契诃夫“心灵的秘密成长期”。他在那里遇到了许多年轻、活泼而有趣的人，比如著名出版商和作家诺维科依的孙女玛丽雅·维拉基米罗夫娜，她是音乐家柴可夫斯基曾经深爱过的优雅女作家；还有男高音歌唱家符拉季斯拉夫列夫，以及钢琴家叶弗列莫娃等人。契诃夫的精神世界在这段时间迅速地丰富起来，特别是他还在巴布金诺结识了园艺家瓦西里·伊万诺维奇，他精通植物学。[7] 在巴布金诺，契诃夫总是很早就起床写作，下午的时候喜欢到树林里去摘蘑菇，他的许多灵感就是在林中散步和摘蘑菇的时候降临的。坐落在达拉加诺夫森林附近的波列夫什钦教堂周围的风景令契诃夫格外着迷，特别是每隔一小时的钟声，令他感到了超越宗教的那种永恒与美好。[8]

在小说《命名日》（1888 年）中，契诃夫描写了拼命想逃离虚伪、麻木生活的主人公奥尔迦，在命名日的宴会上离开宴会厅，独自一人走到花园。她看见洁白的云天和岸边的芦苇，一座坐落于河岸高处的庄园，还有远处忧郁地低垂着枝条的柳树，以及后面的农舍和牛群。她听见远远传来手风琴的声音。这些都是无限吸引她的自由和希望。这些关于庄园的描写无不刻上了契诃夫在巴布金诺生活的印记。

1888 年，契诃夫从高加索旅行回来之后，一度想在波尔塔瓦省附近置办一个田庄。这是他在去了波尔塔瓦省的一位友人斯玛金家小住后萌生的想法。虽然经济状况并不乐观，然而他一反平日的慎重，居然从苏沃林那里借了 2000 卢布，并且写信给作家巴兰采维奇：“我得买一座庄园，确切说不是买，而是将要担负起一个庄园主的责任，为文学界同行建立一个气象站。这地方景色宜人，风光美好，就在波尔塔瓦省的米尔德罗德县，这儿的虾多极了！你若是不来，那我们就是势不两立的仇敌。”[9]

他在1888年9月15日给普列谢耶夫的信中写道：

> 如果我想要造房子，那么造一幢有六七个最好的房间（天花板较高的铺地板的房间）的房子，费用最贵也不会超过1000卢布，这笔款子我可以在夏天从三个地方预支到，或者在夏天到来之前直接挣出来。最初可以用草盖屋顶（在波尔塔瓦省，这种草屋顶造得挺好看），地板和窗子我们自己来油漆（米沙能油漆得很好）。许多事我们都可以自己做，因为我们自幼就都养成了做事的习惯。最主要的是家具和陈设。如果没有安乐和舒适的家具，最好的房子也会变成鬼才知道的样子。而我正好没有家具。呜呼哀哉！[10]

在《海鸥》的最后一幕，妮娜对特里波列夫说：“在这样的夜里，有避风雨的屋顶、有取暖的炉火的人，是幸福的。”[11]这句台词并非灵光乍现，而是来自契诃夫的切身体验。他在1891年8月30日写给苏沃林的信中，也表达过类似的感慨：“我羡慕你们，倒不是因为你们的妻子都走了，而是因为你们能在海中游泳，能住在暖和的房子里。我的简陋空旷的房间里很冷。我现在很想有地毯、壁炉、青铜器以及学术性的交谈。唉，我这个人是永远也成不了托尔斯泰主义者的。在女人身上我首先是爱她的美，而在人类历史中我首先是爱文化，爱那表现在地毯、弹簧轮马车和思想敏锐上的文化。”[12]

契诃夫喜欢旅行，每一次旅行都会带给他新鲜的体验和感受，他也乐于把这样的感受分享给家人和朋友。在萨哈林岛考察返程途中，他还取道日本和中国，经过新加坡，到过锡兰和孟加拉湾。他在给苏沃林的信中对这次旅行做了详细的描述。1891 年春天，他和苏沃林去了罗马。在写给家人的信中，他提到如果自己是一个画家，并且手中有钱，那么他一定会选择在意大利过冬，因为意大利自然景色优美且四季温暖如春，这对于自己的身体是有好处的。他说，在这个国家里，你将确信不疑“艺术真是一切的主宰，而这种信念可以使人精神焕发”[13]。

契诃夫喜欢大海，他每年都会到黑海岸去度假，有时候住在费奥多西亚。他说：“在费奥多西亚没有树，也没有草，无处藏身。只有一个办法：游泳。我现在就游泳。海妙极了，蓝色的温存的海，温存得像是纯真少女的头发。在海边就是住上一千年也不会感到厌烦。”[14]

---

1 [俄] 伊利亚 · 爱伦堡：《重读契诃夫》，童道明译，北京燕山出版社 2018 年版，第 113—114 页。

2 [俄] 契诃夫：《契诃夫书信集》，朱逸森译，上海译文出版社 2018 年版，第 5 页。

3 [俄] 契诃夫：《契诃夫小说全集 · 第 10 卷》，汝龙译，上海译文出版社 2000 年版，第 171 页。

4 [俄] 契诃夫：《契诃夫小说全集 · 第 9 卷》，汝龙译，上海译文出版社 2000 年版，第 352—353 页。

5 [俄] 格 · 别尔德尼科夫：《契诃夫传》，陈玉增译，黑龙江人民出版社 1988 年版，第 68 页。

6 马尔科维奇曾在巴布金诺写出了《深渊》。

7 Mikhail Pavlovich Chekhov, *Anton Chekhov: A Brother's Memoir*, Palgrave Macmillan, New York, 2010, p.102.

8 同注释 7。

9 [俄] 格 · 别尔德尼科夫：《契诃夫传》，陈玉增译，黑龙江人民出版社 1988 年版，第 162 页。

10 [俄] 契诃夫：《契诃夫书信集》，朱逸森译，上海译文出版社 2018 年版，第 53 页。

11 [俄] 契诃夫：《伊凡诺夫 · 海鸥》，焦菊隐译，上海译文出版社 2017 年版，第 179 页。

12 [俄] 契诃夫：《契诃夫书信集》，朱逸森译，上海译文出版社 2018 年版，第 163 页。

13 [俄] 契诃夫：《契诃夫书信集》，朱逸森译，上海译文出版社 2018 年版，第 150 页。

14 [俄] 契诃夫：《契诃夫书信集》，朱逸森译，上海译文出版社 2018 年版，第 48 页。

契诃夫的母亲叶甫盖尼娅·契诃娃，1880 年

契诃夫的父亲巴维尔·契诃夫，1880 年

第 4 章

生命中的第一朵玫瑰

Первый цветок в жизни

母亲是契诃夫生命中的第一朵玫瑰。

契诃夫的母亲叶甫盖尼娅·雅科夫列夫娜性格恬静可爱，温柔贤淑。她总是忙于养育孩子和料理家务，创造快乐温暖的家庭氛围。她对孩子关怀备至，体贴入微。她非常善于讲故事，童年时代的契诃夫总是津津有味地听母亲讲俄罗斯民间故事。那些不平常的神话传奇和充满诗意的故事，令契诃夫一生记忆深刻。童年的契诃夫兄弟还看到过塔甘罗格广场公开处决犯人的场面。在执行死刑的日子里，成群结队的市民拥向广场，押解罪犯的黑色囚车从契诃夫家的窗口经过。每当这时，母亲就一边深深地呼吸，一边画着十字。在她眼里，在那个时代，即便是罪犯也是值得同情的。[1]契诃夫曾说，“我们的灵魂来自母亲”。

安东出生的时候，家中已经有了大哥亚历山大和二哥尼古拉，后来又有了两个弟弟伊万、米哈伊尔以及妹妹玛丽雅。玛丽雅是《遥远的过去：我的哥哥契诃夫》一书的作者，在这本回忆录中她详细追忆了契诃夫的人生和创作。她一生热爱契诃夫，为了帮助哥哥的事业，终身未嫁。她后来成为契诃夫最亲密和信任的助手。她把契诃夫在雅尔塔的房子改建成了契诃夫纪念馆，并担任馆长直至去世。

格·别尔德尼科夫在《契诃夫传》中特别提到，契诃夫一家从祖辈遗传的才华在孩子们身上得到了充分的表现。契诃夫家的五兄妹全部拥有文学和艺术的天分：大哥亚历山大也是一位作家，只不过懒散的生活作风断送了他；二哥尼古拉具有绘画和音乐的天赋，但是自由派的生活让他早早离开了人世；妹妹玛丽雅也拥有绘画天赋，但她把所有的精力与时间贡献给了家庭和自己的哥哥安东；弟弟米哈伊尔后来成了儿童文学家，获得过普希金奖，还是一位通晓德语和法语的翻译家。这种天分还一直遗传到了下一代。米哈伊尔的儿子后来成了画家，亚历山大的儿子米哈伊尔·亚历山大罗维奇成了非常著名的演员，他也是契诃夫家族另一位享誉世界的戏剧家。

契诃夫的童年十分不幸。他的父亲是一个虔诚的东正教徒，但他专制而粗暴，常常辱骂妻子，痛打孩子和杂货铺的学徒，打完之后，孩子们还要去亲吻父亲那只刚刚狠狠教训过他们的手。父亲的粗暴让童年的契诃夫兄弟和他们的母亲一直生活在无休止的恐惧之中，甚至有些学者认为，父亲是契诃夫作品中一些虚伪形象的原型。然而，据契诃夫的弟弟妹妹回忆，他们的父亲对待子女并非“残忍的暴君”。孩子们认为父亲是一个严厉的人，然而他杰出、非常有才能。[2] 格·别尔德尼科夫在《契诃夫传》中也提到，契诃夫的父亲重视家庭教育，有意识地培养孩子们的艺术才能，在家中有许多乐趣可寻。“尽管家规较严，甚至不乏当时常见的体罚，但我们这些孩子在完成自己的职责之后，还是享有相当充分的自由的。”[3] 米哈伊尔回忆说：“唱歌，拉琴，而且要照谱不误，有板有眼——他把这些奉为天职。为了满足这种癖好，他把我们这些孩子和一些外人组成合唱队，在家里演唱，也到外面公演。”[4] 契诃夫说：“我们的才能来自父亲。”在弟弟妹妹的回忆中，父亲一生献身宗教，热爱诗歌、音乐、绘画以及所有和宗教仪式有关的艺术。谁也不曾想到，这位性格暴躁的东正教徒，在晚年会变得如此温和。他于 1898 年在梅利霍沃去世，留下了一本梅利霍沃生活日记。他在日记里事无巨细地记录下一家人在梅利霍沃生活的点点滴滴，记录下树林里生长的花草植物，甚至记下了花园里第一朵牡丹盛开的日子。

14 日　女孩子们从林子里采回铃兰。

15 日　玛丽尤什卡烤薄饼烤得好极了。

契诃夫与二哥尼古拉，莫斯科，1882—1883 年

契诃夫的大哥亚历山大，1880 年

契诃夫的妹妹玛丽雅，1880 年

16 日　一个牧童被雷击死了。

17 日　米沙结婚。

18 日　客人来了，床垫不够用。

安东生气了。

牡丹开了。[5]

1892 年 4 月

4 月 12 日　星期六，最后的残雪融化了。

4 月 15 日　安东去了莫斯科。池塘里的冰化了。

4 月 17 日　两名雇工开始犁地。我们在果园里劳动一整天。

4 月 18 日　我们的牛混入了村里的牛群。今天天气很热，15 度。

4 月 19 日　我们买了新犁。15 度，是一个阳光明媚的好天。

安东和伊万回来了。

4 月 20 日　今天又是一个好天，18 度。

4 月 21 日　科诺韦斯特来访。

4 月 22 日　苏沃林前来探访。树籽发芽，枝头也探出新芽。我们购买了大麦种子，准备播种。

4 月 23 日　我们购买了新的土豆种子。

4 月 24 日　薄薄的霜降。[6]

契诃夫曾说：“我没有童年。”[7] 望子成龙的父亲有过许多异想天开的规划。他一会儿把契诃夫和二哥尼古拉送去学习希腊语，以便他们日后跻身有钱商人的圈子；一会儿又让契诃夫去职业学校学习缝纫技能。因此，契诃夫花了十一年才完成原本九年的教育。年幼的契诃夫常常被

契诃夫与二哥尼古拉，莫斯科，1881—1882 年

迫在严寒中去教堂做工，在杂货铺站柜台做买卖，从来享受不到孩子应有的快乐。他在死气沉沉的塔甘罗格中学度过了整个少年时代。契诃夫曾说："是专制和谎言毁灭了母亲的青春，断送了我们的童年，我一想到这些就感到可怕，难受。"[8]

一个没有童年的童年，并没有把契诃夫变得愤世嫉俗，冷酷粗暴。他依然本能地热爱着优雅、善良和教养，并从不停歇地尽力使自己变得更好，更温和，更可爱，更耐心，更乐于助人。后来，当他面对被不良习惯毁掉的二哥尼古拉时，他感叹人要克服身上深入骨髓的市侩恶习是极其困难的。他在写给尼古拉的信中提出有教养之人的八条原则：

> 第一，他们尊重别人的人格，所以总是宽容大度，温和敦厚，彬彬有礼，虚心谦让。
>
> 第二，他们不仅怜悯穷人和猫，就是一般肉眼看不出的事，也会使他们为之痛心。举例说吧，如果彼得知道父母由于常常见不到自己（即使见到也是醉醺醺的样子）而鬓添银丝，夜不成寐，那么他就会跑到双亲那里去，并且从此唾弃伏特加。
>
> 第三，他们尊重别人的财产，因而欠债必还。
>
> 第四，他们胸襟坦荡，像害怕火一样害怕谎言，即使在微不足道的小事上也从不撒谎，谎言会使他们感到侮辱。在他们眼里，撒谎者是庸俗之徒……如果没人请教他们，他们绝不多嘴多舌，强求推心置腹……由于尊重别人的视听，他们常常保持沉默。
>
> 第五，他们绝不为了博得别人的同情而贬低自己……因为这么做只能得到廉价的效果，庸俗，陈腐，虚伪……
>
> 第六，他们不崇尚虚荣，他们不做攀附权贵、结交名流之类的欺世

契诃夫与二哥尼古拉，莫斯科，1884 年

盗名之事。真正的天才总是隐身在不显眼的地方，在人群中从不抛头露面……连克雷洛夫都说过，空桶总比满桶响……

第七，如果他们本身有天才，那就要尊重这一点，肯为此牺牲安宁、女人、美酒和荣华，他们为自己的天才而骄傲。

第八，他们要养成美感。他们不肯穿着外衣睡觉，不容墙缝里有臭虫，不肯呼吸污浊空气，不愿在布满痰迹的地板上走动。他们尽可能节制情欲，使之高尚。他们要求妇女的不是寻欢作乐，不是当牛做马……他们，特别是艺术家，对妇女的要求是朝气、文雅、人性、才干，要会当母亲……他们不会没有节制地大喝伏特加，不把鼻子伸到食品柜里去，因为他们知道自己不是猪猡！还需要日夜不停地工作，手不释卷、刻苦钻研、锲而不舍、意志坚决，要分秒必争，珍惜光阴。

库普林在回忆中特别提到契诃夫一丝不苟的生活习惯。他说，契诃夫非常自律，每天起得很早。包括家人在内，几乎没有人见过他衣冠不整的样子，他也不喜欢在居家的时候穿着便鞋便服。库普林说："在上午八九点钟就可以看到他已经在书房里来回踱步或者伏案写作，而且这时也总是整齐淡雅，一丝不苟。"[9]契诃夫的修养表现在他的自信和沉默。他从不轻易表露自己的观感，也很少显露出自己是一位著名作家。在与人交谈时，他会用最朴实简练的词语。库普林说："他把自己的宝藏珍藏在心里，不让它在唾沫横飞中浪费掉。"[10]

被专制和粗暴充斥的童年没有让契诃夫变得粗鄙，反而让他终生拒绝任何形式的暴力和专制，并对这些暴行中的受害者怀有深深的怜悯与同情，这也使得他的作品中带着对苦难的认识和超脱。教堂以及杂货铺的经历也给了契诃夫见识各种各样人的机会，农民、商人、神甫、水手……

梅利霍沃的厨房窗台上摆放的花

上自达官贵人，下至贩夫走卒。小契诃夫有着善于倾听和观察的天赋，他可以记住每一个人独特的手势、动作、腔调，这些都成了他后来的创作素材。据玛丽雅回忆，契诃夫从少年时代起就具备异常敏锐的观察力，他可以把在城里、学校里看到的事情绘声绘色地说给家人听，甚至表演给家人看。

1876 年 7 月，母亲带着孩子们去莫斯科谋生，契诃夫留在了塔甘罗格。那段时光培养了契诃夫独立、自律、成熟的性格，为他日后承担起家庭的重担，打下了基础。多年以后，他写出了《万尼亚舅舅》。他在描写万尼亚舅舅的奉献和牺牲时，也许正是在记录自己的故事。

移居莫斯科之后，在青年时期饱经忧患的母亲时常害病，父亲在城市的另一个地方讨生活。契诃夫和兄弟姐妹开始接管一切家庭事务，为增加全家的收入而贡献全部的力量。契诃夫和妹妹玛丽雅之间深厚的感情，就是在这段最艰苦的生活中建立的。契诃夫从小就知道补贴家庭，为家庭脱离困境而奋斗拼搏。玛丽雅从小就知道替患病的母亲分担家务。她给全家人洗衣服、做饭、缝缝补补，一有空闲就用毛线织头巾，每块头巾卖 15 到 20 戈比，以此来补贴家用。

契诃夫刚到莫斯科时，曾安排两位从塔甘罗格来的同学寄宿在家中，一来使他们的生活有了着落，二来他们分摊的房租也可给家里增加一些收入。母亲从早到晚操持全家人的饭食，即便如此有时候还要因为饭菜的咸淡而遭到丈夫的训斥。全家搬到梅利霍沃之后，母亲依然承担了操持家务的重任。在梅利霍沃经常会有客人来，母亲几乎每天都在忙活厨房的事务，准备各种家常小菜。她善于烹饪，会用自家菜园里的蔬菜做出各种美味的菜肴。“红色蔬菜”是西红柿，“紫色蔬菜”是茄子。胡萝卜、长角豆、小黄瓜、西兰花、卷心菜、洋葱、韭菜、莴苣、芹菜和土豆，这些是全家共同开垦的菜园里长出来的新鲜作物。这些大地的恩赐远胜于市场上售卖的食物。新鲜的蔬菜就好像排好了日子，争先恐后

梅利霍沃的餐厅

地来到契诃夫家的餐桌上。[11] 契诃夫的家宴总是会博得朋友们的一致赞誉。

1884 年，契诃夫大学毕业，顺利获得了医师资格。他最初在莫斯科附近的沃斯克列先斯克等地区行医。这段行医生活给他日后的小说创作积累了大量素材，《外科手术》《逃亡者》《解剖》《死尸》《文官考试》等短篇小说就来自他在巴布金诺等地的所见所闻。这一年他还发表了《变色龙》《假面》等作品。由于长期处于高负荷的劳作状态，加之租住的房子非常潮湿，二十四岁的契诃夫突然出现了严重的咳血现象。自此，肺结核如影随形地跟着他，给他的人生笼罩上了不祥的阴云。1889 年，二哥尼古拉死于肺结核，而十五年后，契诃夫自己也因为肺结核英年早逝。当契诃夫的健康恶化，自感不久于人世时，他最放不下的就是母亲和妹妹。

1 Mikhail Pavlovich Chekhov, *Anton Chekhov: A Brother's Memoir*, Palgrave Macmillan, New York, 2010, p.19.

2 [俄] 玛丽雅 · 巴甫洛芙娜 · 契诃娃：《遥远的过去：我的哥哥契诃夫》，史永利译，中央编译出版社 2011 年版，第 2 页。

3 [俄] 格 · 别尔德尼科夫：《契诃夫传》，陈玉增译，黑龙江人民出版社 1988 年版，第 6 页。

4 [俄] 格 · 别尔德尼科夫：《契诃夫传》，陈玉增译，黑龙江人民出版社 1988 年版，第 11 页。

5 [俄] 谢 · 尼 · 戈鲁勃夫等编：《同时代人回忆契诃夫》，倪亮等译，广西师范大学出版社 2016 年版，第 335 页。

6 Peter Sekirin, *Memories of Chekhov: Accounts of the Writer from His Family, Friends and Contemporaries*, McFarland, Jefferson, N.C., 2011, p.7.

7 Peter Sekirin, *Memories of Chekhov: Accounts of the Writer from His Family, Friends and Contemporaries*, McFarland, Jefferson, N.C., 2011, p.16.

8 [法]亨利·特罗亚：《契诃夫传》，侯贵信等译，世界知识出版社 1992 年版，第 2 页。

9 [俄]谢·尼·戈鲁勃夫等编：《同时代人回忆契诃夫》，倪亮等译，广西师范大学出版社 2016 年版，第 574 页。

10 [俄]谢·尼·戈鲁勃夫等编：《同时代人回忆契诃夫》，倪亮等译，广西师范大学出版社 2016 年版，第 585 页。

11 Mikhail Pavlovich Chekhov, *Anton Chekhov: A Brother's Memoir*, Palgrave Macmillan, New York, 2010, p.180.

梅利霍沃的厨房

契诃夫在莫斯科，1881—1882 年

第 5 章

进入俄罗斯文学的玫瑰园

В розарий русской литературы

契诃夫出生在俄国废除农奴制的前一年。废除农奴制的过程极为漫长和艰难。在这个艰难的革命和转型中，十二月党人[1]义无反顾的牺牲为俄罗斯奠定了一种高贵的精神传统。俄国从农奴制国家向现代国家的转变，把19世纪的知识分子推向了新旧交替的世纪悬崖。

契诃夫是19世纪俄罗斯文学“黄金时代”的最后一位作家。

俄罗斯文学史上的“黄金时代”可谓群星闪耀，有中国读者熟悉的普希金、莱蒙托夫、果戈理、丘特切夫、屠格涅夫、陀思妥耶夫斯基、列夫·托尔斯泰、冈察洛夫等人，这一文学传统经过了“白银时代”的高尔基、蒲宁、曼德尔施塔姆、阿赫玛托娃、茨维塔耶娃、马雅可夫斯基、帕斯捷尔纳克等一大批作家，一直延续到20世纪初期。

契诃夫的第一篇作品是发表在《蜻蜓》杂志的《写给有学问的邻居的信》。[2]1882年，契诃夫开始向《花絮》杂志投稿，这本杂志在19世纪80年代被称为俄罗斯最自由的幽默杂志。短短五年，契诃夫共发表了超过270篇作品。为了挣钱养家，他不停地、“半机械化式”地写作。他的文学天资，让他能在洗澡的一小会儿工夫中就写出一个充满幽默和调侃的短篇小说。不过，这种为了生计的写作也让契诃夫感到苦闷，他对自己的作品没有信心，甚至不敢署上真名，而用了“契洪特”的笔名，这个名字是他儿时教他神学和宗教史的一位教员波克罗夫斯基对他的称呼。波克罗夫斯基同时兼任塔甘罗格教堂的主教。据米哈伊尔回忆，这位主教主持弥撒的时候非常戏剧化。他说话的时候好像在唱歌剧，他洪亮的嗓音压倒了唱诗班，回荡在大教堂的各个角落。[3]

契诃夫以“契洪特”的名字在幽默杂志上发表了众多短篇小说，赚取稿费以供养家庭，渐渐拥有了一大批读者。他的才华也引起了他人的嫉妒。他在写给兄长的信中说：“他们不为你的成功而高兴，而是嫉妒你，以致对你诽谤中伤。”[4]他的稿酬渐渐成为支撑家庭生活的主要来源。契诃夫一家开始摆脱贫困，在莫斯科住进了像样的房子。

1884年，毕业后的契诃夫开始行医，广泛接触平民和了解生活。据米哈伊尔回忆，刚刚行医的契诃夫为了病人的健康甚至不惜放弃自己的生命。他每天和病人们在一起，工作到筋疲力尽。每当倾尽全力却不能挽救病人的生命时，他就感到一种内疚和挫败。[5]他常常觉得，种下一棵树就好像救活一个人，于是在诊所门口栽种了双排树木，而今这些树木都已经成材。[6]青年时代的契诃夫精力旺盛，据玛丽雅回忆：“安东·巴甫洛维奇不得不做大量的工作，他的工作能力简直惊人。他能做到既在大学听课，又在医院实习，同时还写他的短篇小说和小品文。”[7]被托尔斯泰誉为第一流小说的《苦恼》《万卡》《歌女》，都出自以“契洪特”为笔名的契诃夫之手。

“爸爸妈妈要吃饭”，解决物质生活的困顿是契诃夫开始文学创作的初衷。事实上，钱的问题在很长一段时间中一直困扰着他，对他的人生抉择和文学创作都产生了很大影响。现在我们看契诃夫的戏剧，那些“庄园行将拍卖”的情节，是一种贯串他大部分剧作的危机性情境，这应该和他早年生活困顿的经历有直接的关系。

他在给许多朋友的信中都提到经济上的拮据。比如他在1885年10月12日（或13日）写给列伊金的信中说：

> ……我手头从来没有一张可以由我自由支配的10卢布钞票，而出门旅行一次，即使是最不舒服和最艰苦的旅行，至少也得花上50卢布。我上哪儿去拿这笔钱？向家庭榨取，我不会这么做，而且我认为这是办不到的事情……[8]

可见1885年左右，契诃夫虽然没日没夜地写作，但是依然非常贫穷，想从稿费中挤出一些钱来作为旅行的费用也是非常困难的。他拼命写稿以维持家庭的收支平衡，然而一家人的生活依然捉襟见肘，经常为买一件大衣或添置一双鞋子而犯愁。他对列伊金说：

……如果我在下个月少挣20—30卢布，平衡就会彻底完蛋，而我就会债务缠身……在钱财方面我十分提心吊胆，大概正是由于我在钱财方面胆小谨慎，我才不借债和不预支稿费……[9]

他在1888年10月27日写给苏沃林的一封信里说，自己在9月10日刚开始写作的时候就在想："我至迟应该在10月5日前写完这个短篇小说，如果我过期不交稿，那么我就会骗人，而自己则会没有钱用。"[10]他还告诉苏沃林，《北方通报》编辑部给的稿酬虽然很低，但自己是他们稿酬最高的作者之一。

在当年另一封给普列谢耶夫的信中，他写道：

现在我在等稿费。整个9月里我一文不名，典当了一些东西，真可说是如鱼撞冰，拼命挣扎。每年9月我总是拮据的，而今年夏天我没做事，靠未来的收入维持生活，所以这个9月份对我来说是特别黯淡的。我已经欠了苏沃林400卢布，以工作抵偿了200卢布……[11]

1886年是契诃夫一生的转折点。

从那一年起，契诃夫一家住进了莫斯科科尔涅耶夫家的房子，并开始了一种丰富多彩的生活。原先他们在莫斯科经常搬家。之前住在雅

契诃夫故居博物馆（刘文飞摄影）

基曼卡街的房子非常潮湿，后来搬去的房子又太嘈杂，不利于契诃夫的写作。怎样为契诃夫创造一个有利于写作的良好环境一直是全家人最挂心的事情。终于在1886年夏天，玛丽雅选定了莫斯科库尔德林花园街上亚科夫·阿列克谢耶维奇·科尔涅耶夫医生家的一所两层小楼作为新家。虽然一年的租金是650卢布，但是房子非常舒适，靠近市中心，适合全家人居住。在那幢房子里，契诃夫第一次拥有了自己的书房。[12] 一家人在那里住了四年。契诃夫写出了一批相对较长篇幅的作品，如《草原》《幸福》，以及第一部戏剧《伊凡诺夫》。1954年，这座房子被改建为契诃夫故居博物馆。

1886年3月25日，契诃夫意外地收到了德高望重的格里戈罗维奇写来的一封长信。他鼓励契诃夫尊重自己身上那份难得的天赋，别再赶工写作，宁可忍受饥饿，也要保持自己的印记，在灵感的浸润中写出有内涵的作品。[13] 这封信让时年二十六岁的契诃夫受到极大的震动。他意识到自己以往对待文学的态度是草率的，没有哪一篇短篇小说他用了一天以上的时间，比如《猎人》就是他在浴室里写成的。格里戈罗维奇的来信也让他确证了自己可贵的文学天赋，并真正意识到自己需要担当起作家的使命。

格里戈罗维奇是与托尔斯泰同时代的前辈作家，他能给年轻的契诃夫写去这样一封长信，自然令契诃夫激动不已。3月28日，契诃夫写信回复格里戈罗维奇，向他表示由衷感谢和崇高敬意。格里戈罗维奇本人也特意到库尔德林花园街拜访了契诃夫一家。之后，契诃夫将短篇小说集《黄昏》献给格里戈罗维奇。他们之间的通信，被玛丽雅收录在后来的契诃夫书信集里。

让我们来看看这封1886年3月28日契诃夫写给格里戈罗维奇的回信：

我的慈祥和热爱的佳音使者，您的信像闪电一样使我惊愕万分。我非常激动，几乎哭了出来。现在我觉得，这封信在我的心灵中留下了深刻的痕迹。我不知道该说些什么和做些什么来报答您，但愿上帝安慰您的晚年，就像您抚爱我的青春一样。您知道，普通人是以何种眼光看待像您这种才华超群的人的，因而您就可以设想，您的信对我的自尊心来说意味着什么。它胜过任何奖状，而对一个新手来说，它是对他现在的和未来的工作的酬报。我好像是晕头转向了。我判断不了，我配不配得到这如此崇高的奖赏……我只好重复一遍：这奖赏使我惊愕万分。

如果说我有值得尊重的才能的话，那么我要向您的纯洁的心灵忏悔：我迄今一直不尊重这个才能。我感觉到，我是有才能的，但是我已经习惯于把它看作微不足道的。要是一个人对自己不公正，要使他怀疑和不信任自己，只要有一些纯粹的外因就足够了……而在我这个人来说，正如我现在所记得的，这种原因不在少数。我的亲属们对我的写作活动一向故作宽容，他们一向友善地劝说我别把正经事业撇下不干而去糟蹋纸张。在莫斯科我有数百个熟人，其中一二十人是从事写作的，而我却想不起来有谁读过我的作品并认为我是一个艺术家的。莫斯科有一个所谓的“文学小组”：不同年龄的形形色色的才子庸人每周一次聚集在饭店的单间里嚼舌头。如果我到他们那儿去读上哪怕是一段您的信文，他们就都会起来揶揄我。五年来我为许多报刊撰稿，我已经深刻体验到一点共同的看法：在文学上我是微不足道的。我很快就习惯于对自己的作品不求全责备，写到哪儿是哪儿！这是第一个原因……还有一个原因：我是一个医生，整个儿忙于给人家治病，所以“一箭双雕”这个成语最妨碍我睡觉，比它对任何一个人的妨碍都大。

……

我完全同意您的意见。您向我指出了作品内容上的污秽之处，这一点当我在刊物上看到《巫婆》时，我自己也已经感觉到了。如果我不是在一昼夜之间写成这个短篇小说，而是花了三四天工夫的话，那么在作品中就不会有这种肮脏东西了……

我一定要避免做急就章，但这不会很快就能做到……现在我还不可能越出已经陷入的常轨。我倒是愿意挨饿的，以前我就曾挨过饿，但问题不在我身上……我只能在闲暇之际进行写作，白天有两三个小时，再加上深夜一小部分时间，就是说，这一点儿时间只能用于写写小东西。夏天，我空闲的时间多一些，花费也会少一些，那时我一定要做严肃的工作。

在我那本小册子上写我的真实姓名是不可能的，因为为时已晚：书已经印好，封面设计也已经做好。在您来信之前，许多圣彼得堡朋友曾劝我别用笔名去糟蹋一本书，但我没有听从劝告，也许，这是出于自尊心。我很不喜欢这本小册子，这是一锅大杂烩，东拼西凑地把一些大学生式

契诃夫故居博物馆里的这个客厅曾经是契诃夫和朋友们聚会的地方

格里戈罗维奇赠予契诃夫的签名照，1886 年

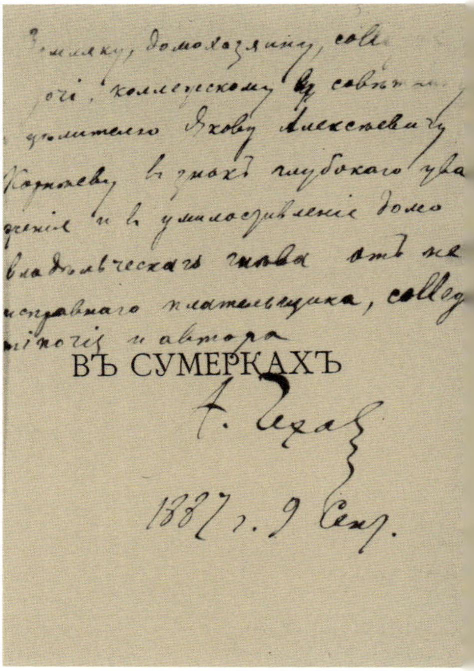

短篇小说集《黄昏》的标题页，1887 年

的习作乱放在一起，再说这些习作又都经过了书报检查官和幽默杂志编辑们的删节，我相信，许多人读了这本书后会感到失望。如果我早知道，有人在阅读我的作品，有您在注视着我的写作，那么我就不会去付印这本书了。

我把希望寄托在未来。我还只有二十六岁，也许，我还来得及做出一些事情来，虽说时光流逝极快。

请您原谅我，给您写了这么一封长信，也请您别责怪这个有生以来第一次胆敢让自己享受一下给格里戈罗维奇写信的欢乐的人。

如果可以的话，请您寄一张您的相片给我。您如此亲切地对待我，使我如此激动不安，以至于我觉得，我想要写给您的不该是一张信纸，而是整整的一令纸。祝您健康和幸福，请相信我的一片真诚，我深深地尊敬您和感激您。

安·契诃夫[14]

从字里行间我们可以感受到契诃夫对于格里戈罗维奇的感激和敬重之情。格里戈罗维奇收到契诃夫的信后，很快就寄回一张自己的签名照，同时回信称赞他：“您这封信让我更加相信您的才能，即与创造能力密切相连的敏感和热忱。”[15]

也是在这一时期，契诃夫结识了柯罗连科。柯罗连科曾经因为拒绝宣誓效忠沙皇亚历山大三世而被流放西伯利亚，契诃夫对他非常敬佩。后来，两人一起当选为科学院荣誉文学院士。1902 年，因为科学院撤销选举高尔基为院士的举措，两人一起辞掉了荣誉文学院士的称号，以此抗议沙皇政府对文学界的粗暴干涉。与格里戈罗维奇和柯罗连科在这一时期的交往，对契诃夫的创作意义重大。[16] 在写给友人的书信中，契诃夫曾经反思自己在创作初期犯过的一大堆错误。他曾经尝试过许多题材，短篇小说、中篇小说，通俗戏剧、幽默作品，等等。也正是这些犯过错误的地方，帮助他积累了经验。

苏沃林曾经是契诃夫的挚友，但是这样的关系在后来发生了变化。他们俩一度走得很近，这来自以下几个方面的原因。第一，和契诃夫一样，苏沃林也来自农奴家庭，他在办报发家之前，生活非常清贫。1876年，苏沃林买下《新时报》后，依靠报纸上的广告收入发了大财。共同的身世和经历是两人相互理解的基础，让他们有一种天然的好感和互信。第二，两人具有相同的天赋才能，有着智慧相当的头脑，也有着相似的人生道路。苏沃林凭借自己的勤奋，笔耕不辍，改变了自己的命运，契诃夫从他身上看到了自己的人生轨迹。第三，苏沃林对契诃夫的才华非常赏识。1885年两人结识之后，苏沃林就一直邀请契诃夫在《新时报》上发表小说，在稿酬方面还给予他特殊对待。他还曾经帮助出版了契诃夫哥哥的作品。第四，他们俩一度非常投缘，无话不谈。苏沃林对很多事物都具有独创性的见解，他的睿智、聪明、慷慨和见地都吸引着契诃夫。

但是后来，据玛丽雅回忆，苏沃林沉醉于政府官员为他创造的荣誉和机会，以及财富和声望之中，以致不知不觉背叛了自己的良心，背叛了应该恪守的新闻事业的底线，最终声败名裂。

德雷福斯案的发生，使契诃夫和苏沃林彻底交恶。

1897年冬天到1898年春天，在法国尼斯和巴黎等地疗养的契诃夫，在报纸上读到了德雷福斯案。这个案子和德雷福斯这名法国总参谋部的军官有关。法国反动军阀和教权派诬陷德雷福斯是德国间谍，而法国的进步力量则奋起为他维护名誉。德雷福斯最终于1899年获释。法国作家左拉为了给素不相识的德雷福斯辩护，甚至给法国总统写了一封长信

契诃夫故居博物馆里的书房，契诃夫在这张桌子上写出了几百个短篇小说和戏剧《伊凡诺夫》

《我控诉》。因为这封长信，左拉本人也受到牵连并被审讯。在这个案件中，契诃夫认为德雷福斯是无辜的。虽然他并不特别欣赏左拉的小说，但是左拉在这个案件中所表现出来的舍身取义的精神，震撼了契诃夫。他说："左拉的心灵是崇高的，他的激情使我非常兴奋。"[17] 他在 1898 年 1 月 4 日写给苏沃林的信中说道："德雷福斯案件活跃起来了，但尚未走上正轨。左拉是一个高尚的人，他的激情使我（工团的成员，已经从犹太人那里得到 100 法郎）高兴。法国是一个非常好的国家，它的作家也是非常好的。"[18]

然而，对于德雷福斯案件，苏沃林和他的《新时报》的态度与契诃

契诃夫故居博物馆一楼（刘文飞摄影）

契诃夫故居博物馆三楼小舞台（刘文飞摄影）

夫完全相左。用契诃夫当时的话来说，那简直是一种卑鄙。他们之间曾经无所不谈，有大量往来信件，但契诃夫还是逐渐断绝了和苏沃林的私人交往。后来，苏沃林把他和契诃夫的信件，全部交还给了玛丽雅。这批信件后来得以出版，总共有 333 封。根据苏沃林的要求，玛丽雅也把他曾经写给契诃夫的信件全部退回。从此那些信件的内容就无从知晓了。苏沃林比契诃夫多活了八年，他死于 1912 年。[19]

此后，契诃夫进入了废寝忘食的职业写作生涯。他的写作状态就像《海鸥》中特里果林所说的那样："我觉得我是在吞蚀自己的生命，是在把自己最美丽的花朵里的花粉一起用尽，在把我的花朵一起采下来，并且践踏着花根，来向我自己都不知道是谁的人，供奉一刹那的花蜜啊。"[20] 1887 年，因过度劳累，契诃夫的身体状况急转直下，他前往乌克兰旅行休养。正是在这段时间里，他完成了中篇小说《草原》，并于 1888 年将其发表于《北方通报》。俄罗斯另一位天才作家迦尔洵为之着迷，在召集友人朗读《草原》的几天后，他结束了自己的生命。

1887 年 12 月 30 日，格里戈罗维奇读了契诃夫题献给他的短篇小说集《黄昏》后，从法国尼斯写信给契诃夫。这封信非常重要，信中写道：

> 短篇小说《理想》和《阿嘉菲雅》只能出自真正的艺术家之手。第一篇中的三个人物和第二篇中的两个人物都着墨不多，然而无须再浪费笔墨，他们的形象已经极其生动，每个人物的面貌与性格已经极其鲜明。没有一句话、一个动作令人稍有牵强杜撰之感——一切都真实可信，一切都恰如其分。大自然的景色和印象，寥寥数笔，就令你有身临其境之感，只有在屠格涅夫和托尔斯泰的创作里，才能见到如此表达自己见闻的技巧（如《安娜·卡列尼娜》中的描写）……写作十或十五个短篇小说，与写作有统一的兴趣、相同的人物联系在一起的长篇小说中的十或十五章，岂不是一样？……整个问题在于实现构思和完成的任务（更重要的是在于所完成的任务）有所不同：在十个章节里，不能只局限于描绘人物和自然景色，不论是否愿意，也得确定一个包含某种结论的目标和义务，必须展示某个阶层或角落的风习画面，表达某种社会思想，阐发心理的或社会的主题，触及某种社会弊端……[21]

显然，格里戈罗维奇认为，短篇小说可以在描写人物和自然景色等方面出彩，但它和中篇或长篇小说不可同日而语。契诃夫的创作中没有长篇小说是一个遗憾。对于当时的文坛而言，有没有长篇小说，几乎是评判一个作家能不能达到不朽的基本要求，唯有在长篇小说中才有着“无论是否愿意，也得确定一个必须包含某种结论的目标和任务”。

尽管如此，短篇小说集《黄昏》依然为契诃夫赢得了俄罗斯科学院授予的普希金奖。这是他人生中的一件大事，为此他感到很幸福。同时，这也意味着他可以获得一大笔奖金。他在给普列谢耶夫的信中写道：“我获得了普希金奖！哎，能在快乐的夏天获得这 500 卢布就好了，而在冬天这笔钱会全部化为灰烬。”[22] 由此可见，契诃夫的生活多么艰难，他所挣的每一笔稿费都要用来养活一大家子人。也正是因为实际的生活状况，他注定不可能像托尔斯泰以及其他衣食无忧的作家一样思考和生活。他曾对苏沃林说："我虽说已经获得了普希金奖，但我还没有开始我的文学活动哩。我头脑中有五部中篇小说和两部长篇小说的题材在受着煎熬。"[23]

契诃夫为什么不写长篇小说？并不是他写不出，而是生活不允许他写。如果花上几年时间写出一个长篇小说，或许一家人都要饿死了。契诃夫为什么迟迟不结婚？除了对伴侣有很高的精神要求之外，对生活的无力感、需要保持自己身心的自由来投入创作，恐怕也是重要原因。虽然他获得了奖金，生活却丝毫没有改变。但这个奖给予了契诃夫极大的自信心。自此他完成了从契洪特到契诃夫的转变，跻身俄国优秀作家的行列，并逐步成长为世界级的短篇小说巨匠。

年轻的契诃夫以其卓越的才华，进入俄罗斯文学的玫瑰园。

1 十二月党人，主要是19世纪20年代俄国一批从事革命活动的青年军官。他们要求新沙皇尼古拉一世废除极权专制和农奴制度，建立俄罗斯共和国。1825年12月，青年军官们发动了俄国历史上第一次试图推翻沙皇专制制度的武装起义。这些军官的妻子几乎全部出身于名门望族。一夜之间，天翻地覆，这些优雅美貌、生活富足的大家闺秀，突然间面临着三种选择：一、跟随丈夫去西伯利亚服苦役；二、和丈夫离婚；三、留在圣彼得堡或莫斯科，抚养孩子照顾老人。虽然沙皇紧急颁布法令，凡是跟随丈夫去西伯利亚的妻子，不仅不能带孩子一同前往，而且会立即被剥夺贵族特权，永远不能返回圣彼得堡和莫斯科。然而，许多十二月党人的妻子毫不犹豫地做出了第一种选择：放弃一切，跟随丈夫，共赴苦难。

2 Peter Sekirin, *Memories of Chekhov: Accounts of the Writer from His Family, Friends and Contemporaries*, McFarland, Jefferson, N.C., 2011, p.25.

3 Mikhail Pavlovich Chekhov, *Anton Chekhov: A Brother's Memoir*, Palgrave Macmillan, New York, 2010, p.5.

4 [俄] 格 · 别尔德尼科夫：《契诃夫传》，陈玉增译，黑龙江人民出版社 1988 年版，第 236—237 页。

5 Mikhail Pavlovich Chekhov, *Anton Chekhov: A Brother's Memoir*, Palgrave Macmillan, New York, 2010, p.98.

6 Peter Sekirin, *Memories of Chekhov: Accounts of the Writer from His Family, Friends and Contemporaries*, McFarland, Jefferson, N.C., 2011, p.61.

7 [俄] 玛丽雅 · 巴甫洛芙娜 · 契诃娃：《遥远的过去：我的哥哥契诃夫》，史永利译，中央编译出版社 2011 年版，第 17 页。

8 [俄] 契诃夫：《契诃夫书信集》，朱逸森译，上海译文出版社 2018 年版，第 5 页。

9 同注释 8。

10 [俄] 契诃夫：《契诃夫书信集》，朱逸森译，上海译文出版社 2018 年版，第 64 页。

11 [俄] 契诃夫：《契诃夫书信集》，朱逸森译，上海译文出版社 2018 年版，第 55 页。

12 [俄] 玛丽雅 · 巴甫洛芙娜 · 契诃娃：《遥远的过去：我的哥哥契诃夫》，史永利译，中央编译出版社 2011 年版，第 40 页。

13 Peter Sekirin, *Memories of Chekhov: Accounts of the Writer from His Family, Friends and Contemporaries*, McFarland, Jefferson, N.C., 2011, p.26.

14 [俄] 契诃夫：《契诃夫书信集》，朱逸森译，上海译文出版社 2018 年版，第 6—7 页。

15 [俄] 玛丽雅 · 巴甫洛芙娜 · 契诃娃：《遥远的过去：我的哥哥契诃夫》，史永利译，中央编译出版社 2011 年版，第 42 页。

16 事实上，契诃夫很早就建立起了清晰的道德准则，并勇于捍卫自己的这些原则。他头脑清晰，精明强干，又能够深谋远虑，对人类理智和意志的力量抱有坚定的信念。

17 [俄] 契诃夫：《契诃夫书信集》，朱逸森译，上海译文出版社 2018 年版，第 7 页。

18 [俄] 契诃夫：《契诃夫书信集》，朱逸森译，上海译文出版社 2018 年版，第 242 页。

19 [俄] 玛丽雅 · 巴甫洛芙娜 · 契诃娃：《遥远的过去：我的哥哥契诃夫》，史永利译，中央编译出版社 2011 年版，第 76 页。

20 [俄] 契诃夫：《伊凡诺夫 · 海鸥》，焦菊隐译，上海译文出版社 2017 年版，第 141 页。

21 同注释 13。

22 [俄] 契诃夫：《契诃夫书信集》，朱逸森译，上海译文出版社 2018 年版，第 60 页。

23 同注释 10。

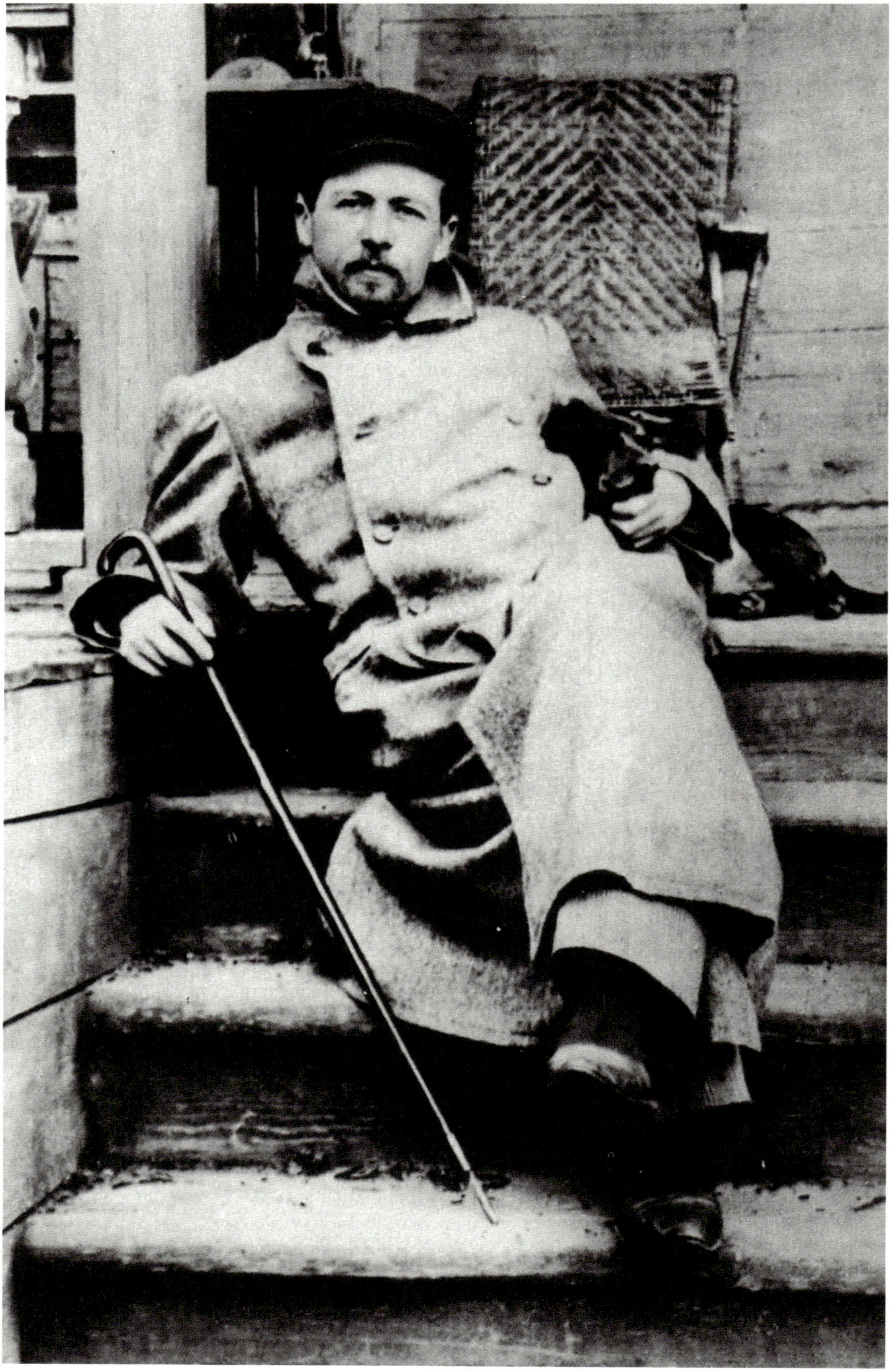

倚在门廊上的契诃夫，左手抱着他的狗，梅利霍沃，1897 年

第 6 章

梅利霍沃的玫瑰

Мелиховская роза

1889年的萨哈林岛之行是契诃夫一生中的重要节点。在此之后，他的整个文学观和世界观都发生了根本性的变化。

这段旅行让契诃夫见证了无数被虐待致死的囚徒，见证了像牲口一样活着的人，近距离地体验了贫穷、苦难和死亡。他从冰冷的镣铐中，从苦役犯被驱赶和流放的几万俄里的路途中，对沙皇俄国的严酷专政感同身受。在《带阁楼的房子》中，契诃夫以悲悯的文字写下了这样一段话：

> 重要的不是安娜死于难产，而是所有那些安娜、玛芙拉、彼拉盖雅从一大早到天黑弯着腰操劳，由于力不胜任的劳动而生病，一生一世为挨饿和有病的孩子发抖，一生一世害怕死亡和疾病，一生一世医病，很早就憔悴，很早就苍老，在污秽和恶臭中死掉。她们的孩子长大了，重演着那套旧故事，这种情形已经有好几百年，千千万万的人只为了有一口饭吃而生活得比牲畜都不如，经常担惊受怕。他们处境的全部惨痛就在于他们没有工夫想到他们的灵魂，没有工夫想到他们的形象和样式。饥饿、寒冷、牲畜般的恐惧、繁重的劳动，像雪崩那样压下来，把他们通往精神活动的条条道路全部堵死，而精神活动才是人和牲畜的区别所在，才是唯一使人值得生活下去的东西。[1]

见识过人间地狱萨哈林岛的契诃夫，确认文学家必须有正义感，他认为“正义感比空气更为宝贵”。他意识到人生在世，所有人，包括一个社会，都一定要有一个“总的观念”，要有“明确的世界观”，否则就不可能有“自觉的生活”。在去萨哈林岛之前，他曾经认为托尔斯泰的《克莱采奏鸣曲》是一部了不起的杰作，是最好的作品。而从萨哈林岛回来之后，他再也不这么认为了。他对这部中篇小说（特别是后记）

十分反感，并在1891年9月8日写信给苏沃林，批评了《克莱采奏鸣曲》后记里的思想。当托尔斯泰宣扬上帝和永生的时候，契诃夫则努力在时代潮流中生活，并为其所在的时代做见证。让我们重温那封他于1894年3月写给苏沃林的信：

……在我身上流着农民的血，因此凭农民的一些美德是不能使我感到惊讶的。我从小就信仰进步，而且也不能不信仰，因为在打我和不再

契诃夫前往萨哈林岛之前与全家合影，莫斯科，1890年春

打我这两个时代之间，存在着巨大的差别……但托尔斯泰的哲学曾经强烈地感动过我，它控制了我六七年，而且对我起作用的并非一些基本论点，因为这些论点我以前也知道，而是托尔斯泰的表达方式，他的审慎明智，可能还有他那种独特的魅力。现在呢，我心中有一种东西在抗议，算计性和公正感告诉我：对人的爱，在电力和蒸汽中比在贞节和戒绝肉食的做法中多一些。战争是罪恶，法院是罪恶，但由此并不得出结论说，我应当穿树皮鞋，应当跟长工和他的老婆一起睡在炉台上，等等。但问题并不在这里，不在于“赞成和反对”，而在于对我来说，不管怎样，托尔斯泰已经消失，我心灵中已经没有他了，而他在从我心中出走时说：我把您的空房子留下来。现在没有什么人留宿在我的心灵中了。[2]

从萨哈林岛考察归来的契诃夫这样写道：“如果我是个医生，我就需要病人和医院；如果我是个文学家，我就需要生活在人民中间……我现在这种关在四堵墙里的、脱离大自然、脱离人群和祖国的、没有健康与食欲的生活——这根本不是生活。”[3]曾经，十二月党人被流放到西伯利亚后，失去了土地、庄园和奴仆。他们在当地向农民学习做各种家务，洗衣、做饭、烤面包、种植蔬菜，甚至和犯人的家属组成了合作社，只有这样才能够在恶劣的条件下生活下去。据说十二月党人的领袖沃尔孔斯基还曾做过菜园的总管。

1891年11月，那时契诃夫已从萨哈林岛回来了一段时间，他的健康状况已经有所好转。他写信给苏沃林说：

我的健康已有好转。咳嗽少了一些，气力大了一些，情绪也更富有朝气了，而头脑呢，还是旭日东升，一片光明灿烂。我早晨醒来时精神欢畅，就寝时没有什么阴郁的思想，吃饭时我不任性耍脾气，也不说孟浪话冲撞母亲。

……在我的地平线上闪现了一丝自由之光。有了一点儿自由的味道。昨天我收到了一封从波尔塔瓦省寄来的信，信中说，替我找到了一个合适的庄园。一幢石屋，七个房间，屋顶是铁皮的。这屋子不久前才盖成，不需要做任何修缮，有马厩、地窖、冷藏间、六俄亩土地、一片极好的草地、一个古老的林荫花园和普肖尔河河岸。普肖尔河河岸是我的。河的那一边是辽阔的美妙景色。和索罗钦齐相邻。价格倒是合情理的。现在先付3000卢布，还有2000卢布在几年内分期付清。一共是5000卢布。如果老天爷怜悯我，庄园得以买成，那么我在3月间就完全搬过去住，以便九个月生活在寂静的大自然怀抱之中，而一年的其余三个月住在圣彼得堡。我派妹妹去观看这个庄园。[4]

梅利霍沃庄园，2020年

萨哈林岛的契诃夫纪念馆，契诃夫在考察萨哈林岛的时候就居住在这所房子里

根克耶斯基灯塔

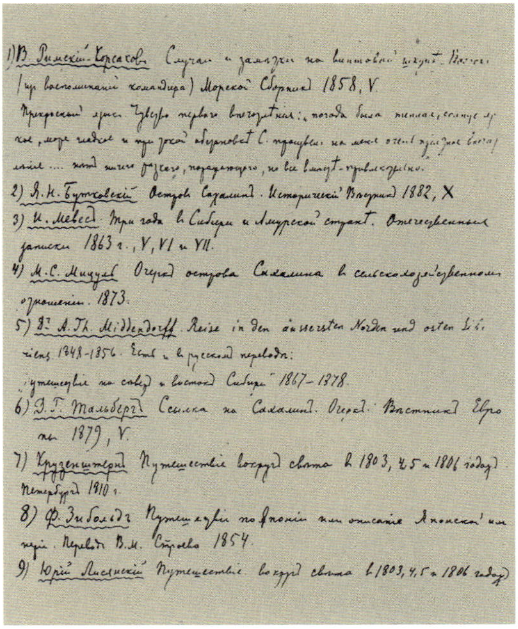

1) В. Римский-Корсаков. Случаи и заметки на винтовой шхуне "Восток" (из воспоминаний командира). Морской Сборник 1858, V
[illegible]
2) Я.Н. Бутковский. Остров Сахалин. Исторический Вестник 1882, X
3) И. Мевес. Три года в Сибири и Амурском крае. Отечественные записки 1863 г., V, VI и VII.
4) М.С. Мицуль. Очерк острова Сахалина в сельскохозяйственном отношении. 1873.
5) Dr. A. Th. Middendorff. Reise in den äussersten Norden und Osten Sibiriens 1848–1856. Есть и в русском переводе: "Путешествие на север и восток Сибири" 1867–1878.
6) Э.Г. Тальберг. Ссылка на Сахалин. Очерк. Вестник Европы 1879, V.
7) Крузенштерн. Путешествие вокруг света в 1803, 4, 5 и 1806 годах. Петербург 1810 г.
8) Ф. Зибольд. Путешествие по Японии или описание Японской империи. Перевод В.М. Строева 1854.
9) Юрий Лисянский. Путешествие вокруг света в 1803, 4, 5 и 1806 годах

契诃夫的萨哈林岛调查记录

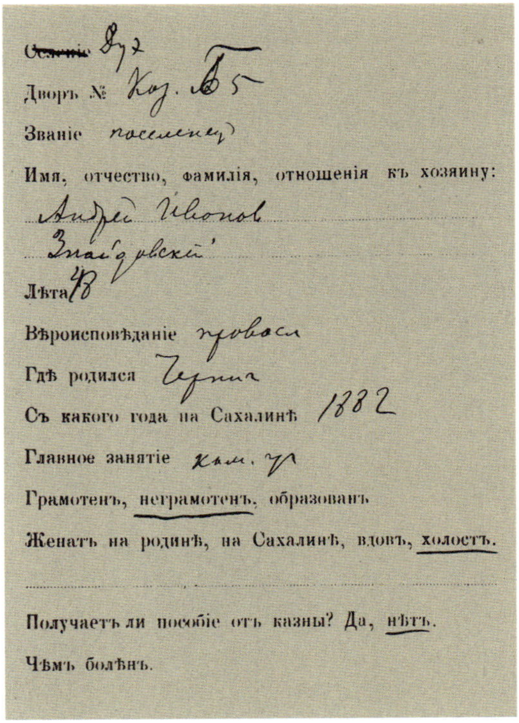

~~Селеніе~~ Дуэ

Дворъ № Кор. Б 5

Званіе поселенец

Имя, отчество, фамилія, отношенія къ хозяину:
Андрей Иванов
Знайдовский

Лѣта 48

Вѣроисповѣданіе правосл

Гдѣ родился Черниг

Съ какого года на Сахалинѣ 1882

Главное занятіе кам.

Грамотенъ, неграмотенъ, образованъ

Женатъ на родинѣ, на Сахалинѣ, вдовъ, холостъ.

Получаетъ ли пособіе отъ казны? Да, нѣтъ.

Чѣмъ боленъ.

契诃夫整理的萨哈林岛之行的资料

上图：萨哈林岛上戴脚镣的囚犯
中图：萨哈林岛上的囚犯在吃饭
下图：萨哈林岛上的囚犯合影

上图：1890 年的萨哈林岛码头
下图：萨哈林岛靠近港口的主干道

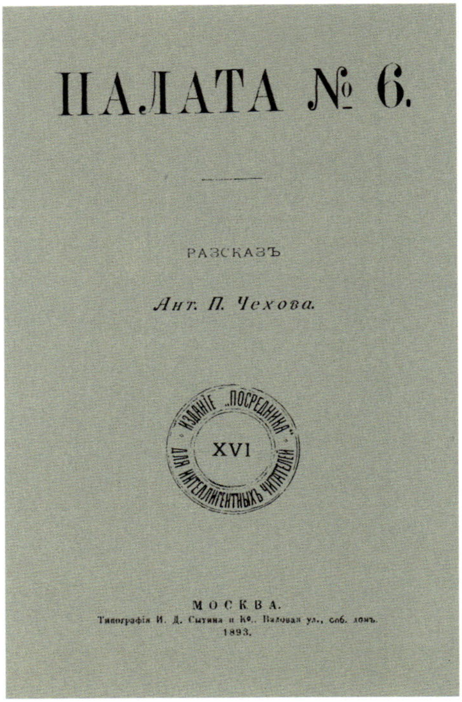

《第六病室》的封面

契诃夫热爱生活的心态一览无余地呈现在他的字里行间。

曾经说自己“永远是一个莫斯科人”[5]的契诃夫，为什么突然渴望购置田庄呢？

除了渴望远离城市生活，回归大自然的怀抱，契诃夫还有一个更为重要的意图，就是远离莫斯科无休止的流言蜚语，同时摆脱许多庸常的生活问题。《萨哈林旅行记》和《第六病室》是这次旅行最重要的成果。契诃夫在1890年写给梁捷耶夫的信中提到，他远行萨哈林岛的初衷是想探寻“艺术何为”以及“艺术真实性”的问题。令契诃夫没有想到的是，他被文学界的一种充满敌意的空气包围着。契诃夫被贬低为“狡猾的名利客”“暴发户”，出于嫉妒的流言蜚语遍布莫斯科，就连谢格洛夫这样的老朋友，也向他射去暗箭，给契诃夫造成了极大的困扰。他写信告诉妹妹：“他们为我举行晚宴，大肆吹捧我，但与此同时又巴不得把我一口吞掉……如果我朝自己脑袋上打一枪，那就会给他们以极大的满足。”[6]

本就热爱自然的契诃夫突然萌生了要住到乡间以便专注于写作的想法。在他看来，住到乡下去有很多好处：可以大大减少家庭的开支；新鲜的空气有利于自己恢复健康；避开莫斯科文学圈子的喧闹，他可以在不受干扰的情况下，专心致志地从事写作。他在信中对苏沃林说：“啊，自由！自由！如果我的开支每年不超过 2000 卢布（这只有在乡下才能办到），我就能彻底摆脱金钱的进出给我带来的各种干扰。到了那个时候，我就可以全力工作和读书了。一句话，生活就会像果酱一样甜蜜了！”[7]

早在 1888 年 6 月 28 日写给苏沃林的信里，他就表达了对乡村生活的向往：“置身于广阔的空间，会晤的多是超群之士，在这种影响下，圣彼得堡那一套就显得异常浅薄和乏味了。”[8] 他在 1892 年 3 月 17 日的信中也表示自己离开莫斯科的真正原因是为了躲避虚荣心。那时的契诃夫已经从一个向往城市生活的青年，转变成一个追求自由的作家。他目睹了文学界和评论界的庸俗现状，不再留恋城市生活，而是向往那种“谈笑有鸿儒，往来无白丁”，没有半点庸俗之气的自然和纯粹的生活。

正如他在最后的小说《新娘》（1903 年）中所描写的那样：

> 花园里安静、凉爽，乌黑而宁静的阴影铺在地上。人可以听见远处，很远的地方，大概是在城外吧，有些青蛙在呱呱地叫。谁都可以感觉到 5 月，可爱的 5 月来了！你深深地呼吸着，不由得会想：如今，不是在这儿，而是在别处，在天空下面，树林上方，远在城外，在田野上，树林里，春天的生活正在展开，神秘、美丽、丰富、神圣，而这种生活是软弱而犯罪的人所不能理解的。不知什么缘故，人恨不得哭一场才好。[9]

从年少起就负担了养家重担的契诃夫，一直筹划买一处属于自己的房产，过上不用交租的安稳生活。他曾对兄弟说：“我们从来没有过属于自己的角落，这是多大的遗憾！”

这个愿望终于在 1892 年得以实现，他拥有了自己的家园，也就是后来写作《海鸥》的摇篮：永远的梅利霍沃。

梅利霍沃故居

契诃夫和亲友在梅利霍沃书房的合影，1892年3月。前排从左到右：玛丽雅、契诃夫、莱索娃、伊万、斯玛金，后排为米哈伊尔

墙上挂着契诃夫与父母的照片

契诃夫使用过的摇椅

契诃夫的藏书。契诃夫爱书，他生前购买了很多书，后来他把自己的很多藏书捐赠给了塔甘罗格图书馆

契诃夫在梅利霍沃的书房，墙上有托尔斯泰、格里戈罗维奇以及其他重要友人的照片

契诃夫的卧室，保持着作家生前的原样

契诃夫使用过的洗漱工具

契诃夫的手稿

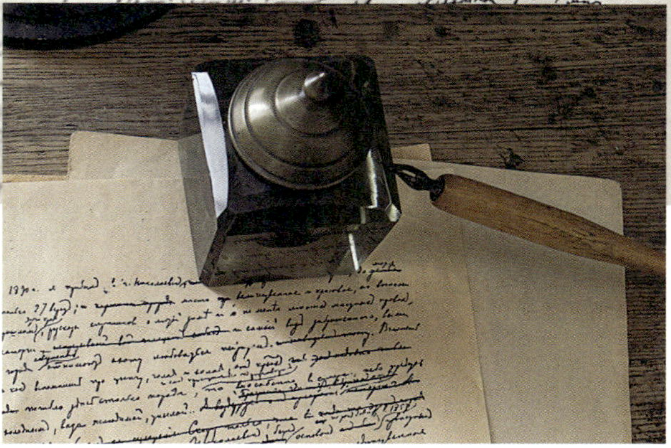

契诃夫使用过的钢笔和墨水瓶

玛丽雅的卧室

据玛丽雅回忆，契诃夫起初托朋友物色的庄园都不尽理想。有一天，报纸上刊出一则庄园出售的消息，庄园的主人是画家尼·巴·索罗赫京。于是契诃夫让玛丽雅和米哈伊尔前去探察庄园并商讨购买事宜。姐弟俩在隆冬时节坐着雪橇走了十三俄里，终于到达了谢尔普霍夫县这座庄园的所在——梅利霍沃村。[10] 在《遥远的过去》中，玛丽雅详细描述了探访庄园的经过：

> 庄园完全在农村，面积非常可观，有213俄亩，其中100多亩是树林。我们喜欢那儿的房子：相当宽敞，也不显得破旧，铁皮包顶，凉台面向花园。诚然，房子里面很脏，壁纸又旧又破，还有臭虫、蟑螂等可爱之物。可是，这些东西都可以消除或者修缮。
>
> 花园里有果树，还有一条林荫路，路旁栽的都是菩提树，离房子不远有一个不大的池塘。那里的杂用房屋、板棚和仓库都是新盖的。总之，尽管因为冰天雪地，我们没有再到庄园周围好好看看，我跟米哈伊尔却爱上了这座庄园。[11]

姐弟俩兴奋地回家报告说，梅利霍沃的这座庄园值得买下来。但是购买庄园的钱从哪里来呢？庄园的售价是13000卢布，其中4000卢布要付现金，剩下的要在十年内分期付给卖家。契诃夫决定买下这座庄园。买房的首款由苏沃林所在的《新时报》提供（作为预支稿酬）。之后的许多年里，契诃夫一直被这笔巨大的银行债务所缠绕。

即便如此，搬到梅利霍沃之后的契诃夫心情特别愉快，少有人能理解他此刻内心的快乐，因为他有生以来第一次真正拥有了自己的土地、花园和树林，他的心中注满了前所未有的成就感和喜悦感。这是一片拥有两百多俄亩的土地，包括房屋、森林、农田和草地。[12] 主屋里有一间开着三扇大窗户的大书房，从此他可以在此享受阳光、观望花园、创作小说。所有这一切让契诃夫感到别无所求。

他在小说《在流放中》（1892 年）中描写了乡村的黎明："天已经亮起来，驳船、水上的河柳丛和浪花都现出清清楚楚的轮廓。要是回头看，那边是黏土的高坡，坡底下有一间房顶用深棕色麦秆铺成的小屋；高一点的地方，村子里的农舍挤在一块儿。公鸡已经在村子里喔喔地啼起来了。"[13] 他在小说《恐惧》（1892 年）中这样描写清晨："在异常清澈的空气里，每片树叶和每颗露珠都清楚地现出它们的轮廓，似乎半睡半醒，在沉静中向我微笑。我走过那些绿色长椅，想起莎士比亚的一出戏里的话：月光在这儿的长椅上睡得多么酣畅！"[14] 这恐怕就是契诃夫对于梅利霍沃的最初印象吧。

1892 年，契诃夫一家从原来租住的地方搬到梅利霍沃庄园。

梅利霍沃位于莫斯科南部约七十五公里的乡间，需要从莫斯科坐两三个小时的火车，然后穿过树林和村庄，再走十几公里的小路，才能到达。玛丽雅回忆他们刚刚到梅利霍沃的时候，展现在契诃夫一家眼前的是一片败落的景象。一座孤零零的房子建在一片荒芜的林地上，此情此景令家人顿感失望。但是契诃夫无比喜欢白雪覆盖着的梅利霍沃。为了纪念这一刻，全家人兴高采烈地在门廊前拍了一张照片。

在最艰难的环境里生活，家庭关系变得更加重要。家庭成员之间必须协同合作，才能够应对许多突如其来的危险和困难。他们需要和其他村民一样，适应真正的俄罗斯乡村生活。他们需要在自己的土地上干农活，和村民拉家常。契诃夫还要为村民问诊治病。

回归俄罗斯乡村生活的那一刻，契诃夫才真正体会到了农民在俄罗

全家在梅利霍沃别墅门廊前的合影，1892 年

斯乡村生存的艰难，也发现了存在于俄罗斯民间的那种坚韧的、生生不息的力量。为农民看过病之后，契诃夫常常和他们围坐在低矮的桌子边，一起吃腌咸菜和黑面包，一边攀谈着，听他们讲故事，然后掏出笔记本，记下令他印象深刻的故事。[15]在这段时间，父亲依然每天虔诚地做祷告。在契诃夫眼里，每一个像父亲一样虔诚的农民依然挣扎于生活的困境中。

人如何才能获得拯救？写于 1894 年的小说《洛希尔的提琴》是一个关于悲伤和觉悟的故事。棺材匠一生精打细算。当妻子离世之后，契诃夫特意安排他在回家的路上看到了妻子曾经提到的河畔与柳树。这一刻，精于算计的他才突然意识到自己从来没有把握生活曾经给予过他的欢乐和幸福。在大自然中，他突然明白真正的悲哀在于自己总是想抓住那些并不重要的东西，而忽略了人活在世界上最重要的就是感受每一天生活的快乐与惊喜。在梅利霍沃生活的这段时期，契诃夫意识到真正的

契诃夫在梅利霍沃的橡树下，1893年

上图：梅利霍沃的井台
右图：契诃夫在梅利霍沃打的水井

拯救并不来自宗教的教义，也不是莫斯科那些自由派空谈的主义。在梅利霍沃，在俄罗斯的乡间，契诃夫看到了犹如救世主一样的真理。对于个体的自我拯救而言，唯有躬耕自己的土地，诚实地劳动并创造，和虚情假意的生活断绝关系，懂得珍惜和体验每一个美好的当下。

高尔基曾说："我没有看见过一个人能像安东·巴甫洛维奇那样深刻而全面地理解劳动是文化基础的重要性。这表现在他日常生活方式的一切细节上，表现在选择物品和对物品高尚的爱好上；这种爱好根本不是想把它们搜集起来，而是将它们作为人类精神的创造物从不厌倦地欣赏。他爱好开辟花园，种植花木，把土地装点得五彩缤纷；他体会劳动是富有诗意的。他怀着多么令人感动的关切心情在花园里察看亲手种植的果树和点缀园景的灌木！他在张罗建造阿乌特卡的那所房子时说道：

契诃夫卧室内的小书桌

‘如果每个人在自己那块小小的土地上做了他所能做的事情，那我们的大地会是多么美丽啊！’”[16]

因为房子年久失修，契诃夫带领全家一起修缮房屋。全家人日出即起，十二点吃午饭，晚上十点各自就寝。契诃夫本人总是不到四点就起床，喝完咖啡便到花园里去。他亲自清扫院子，铲除积雪，收拾庭院，修理道路，耕种土地，开辟果园，开挖池塘，一点一点地建设起了梅利霍沃的家园。全家人一起把房子重新装修了一番，糊上新的壁纸，整修房间的地板，里里外外都装饰一新。

契诃夫对这片土地上的一切都充满了兴趣。春天来的时候，他忙于鳞茎植物和三叶草的种植，还从附近农民那里买来了刚孵出的小鸡和小鹅。契诃夫曾设想在梅利霍沃建一个养蜂场，这样就可以在春天放养蜜

蜂。他常说自己身上有着挥之不去的乌克兰人的本性。他还在梅利霍沃打了一口井，拆掉机械压水机，安上一根老式的咯吱咯吱响的压水吊杆。

大自然总是孤独心灵的栖身之所。在小说《阿莉阿德娜》（1895年）中，契诃夫描写了令人沉醉的花园和菜园。那令人沉醉的花园和菜园就是他在梅利霍沃的作品：

> 一个古老的大花园，一些悦目的花圃，一个养蜂场，一个菜园，下面是一条河，岸边是枝叶繁茂的柳林，每逢柳枝上披着大颗露珠，它的颜色就有点发暗，仿佛变成灰色了。河对岸是一片草场，过了草场是一个高冈，那上面长着一片可怕的黑松林。树林里的松乳菇多得数不清，树林深处生活着一些驼鹿。即使我死掉，装在棺材里，我好像也会梦见

契诃夫散步的小路，路边种植了萱草等各色花卉

梅利霍沃的菜园

菜园旁边的铜钟

梅利霍沃的菜园

契诃夫的父亲在整理花园

> 那些阳光耀眼的清晨，或者那些美妙的春季傍晚，在那种时候，夜莺和长脚秧鸡在花园里和花园外啼鸣，村子里传来手风琴的声音，家里有人在弹钢琴，河水哗哗响，一句话，像这样的音乐声弄得人又想哭，又想大声唱歌。[17]

契诃夫的卧室靠窗处有个写字台，那是作家熬夜写作的见证。这位新来的“地主”经常异想天开。靠着窗户的左屋角立着一根长长的鱼竿，契诃夫曾经幻想在卧室的窗外挖个鱼塘，好把鱼竿从窗户里伸出去钓鱼。为了实现这个理想，他带人在屋后挖了一个大池塘，还在里面放养了许多鱼苗。但事实上，有没有收获不重要，他只是享受垂钓的过程。他曾对友人说：“对一个真正的渔夫而言，钓不钓得到鱼，钓到大鱼还是小鱼，这些都不重要，重要的是享受垂钓中无限的意趣。”[18]不仅如此，他还痴迷于在春天看着窗外的橡树长出第一片叶子，又看着它在秋天凋零；他在那盛开的菊花和紫菀中聆听秋天的脚步，运思一个又一个人生的故事。

搬入梅利霍沃的契诃夫每天会花很多时间在花园散步，他对于花园的精心完全不亚于父亲对孩子的用心。契诃夫负责花园的规划和树木花卉的种植。父亲巴维尔也从早忙到晚，协助儿子整理院子，清扫花园的小路。菜园由妹妹玛丽雅和弟弟米哈伊尔照看，从契诃夫书房的窗户望出去就可以看见这片菜园。契诃夫还特意买了一口钟，把它固定在庄园中央的一根高高的柱子上。他安排工人每到中午十二点就准时敲钟，方圆几俄里内的人都会听到钟声。这时大家会停下手中的活，坐下来准备吃午饭。每当这时，契诃夫的母亲就会说：“我的安托沙饿了。”接着母亲和妹妹就把食物摆放到餐桌上。午饭后，契诃夫便把自己关在书房

梅利霍沃的花园

毛地黄

小檗

百合

风铃草

紫玉簪

老鹳草

芙蓉葵

千屈菜

马蔺

安娜贝拉八仙花

鼠尾草

美女樱

赛菊芋

金鱼草

萱草

萱草

契诃夫的雕像和常年盛开的玫瑰

契诃夫的雕像基座上是浮雕的玫瑰

里开始工作。到了夜晚，梅利霍沃静谧如谜，只有夜莺在歌唱，每个人都能听见父亲低声祷告和吟唱。[19]

书房、菜园和父亲的诵经台，这是契诃夫家中最重要的三个精神空间。诵经台联系着古老的信仰，菜园是自然和日常，在书房写作是超越性的精神活动。对创作中的契诃夫而言，看到妹妹弯腰在菜园里劳作，温柔地侍弄蔬菜和瓜果的幼苗，用她纤细的手指拔除杂草，那挥汗如雨的神圣景象一定不亚于神前的祷告。每当他看着从无到有、欣欣向荣的菜地和花园，闻到阳光把泥土和花草的气息送入书房，看到流云从蔚蓝的天际飘过，或者是夜莺来到他的樱桃园不住地啼唱——他脑海中的场景和人物就扑面而来。梅利霍沃因为有了人而恢复了活力，荒芜的田地和花园在全家辛勤的劳作中初具规模，生机盎然。今天，梅利霍沃契诃夫纪念馆还保留着当年的菜园，玉米、莴苣、茄子、生菜、豆角以及土豆都是当年契诃夫家饭桌上的家常菜。

早在写《黑修士》（1894年）[20]之前，契诃夫就表示城市让他厌倦了，他将愉快地回归农村。与大自然朝夕相处让契诃夫倍感愉悦与安慰，这段时期的作品洋溢着来自大自然与田园的美。1892年至1899年，在这个远离尘嚣、简朴宁静、充满诗意的地方，契诃夫总共写出了42部作品。

《第六病室》《黑修士》《海鸥》《套中人》等小说，都是在梅利霍沃完成的。《黑修士》和其他作品中关于花园的描写，也大多来自他在梅利霍沃生活的体验。契诃夫写道：

……花园的尽头是一道急转直下的陡峭的土坡，坡上生着松树，露出树根，像是毛茸茸的爪子。坡下的河水阴冷地闪闪发光，鹬鸟飞来飞去，发出悲凉的鸣声。在这种地方，人总会生出一种恨不得坐下来，写一篇叙事诗的情绪。可是在这所房子附近，在院子里，在那个连同苗场一共占地三十俄亩的果园里，一切都欣欣向荣，哪怕遇上坏天气也充满生趣。像这样好看的蔷薇、百合、茶花，像这样五颜六色的郁金香，从亮晃晃的白色到煤烟般的黑色，总之，像彼索茨基家里这样丰富的花卉，柯甫陵在别的地方从来也没见识过。春天才刚刚开始，真正艳丽的花坛还藏在温室里，可是林荫路两旁和这儿那儿的花坛上盛开着的花朵，已经足以使人在花园里散步，特别是一清早每个花瓣上都闪着露珠的时候，感到走进了柔和的彩色王国。[21]

契诃夫一生热爱自然，喜欢园艺，钟情花卉。他在梅利霍沃种植了大量冷杉和松树，建起了围绕房屋的果园、菜地和花园。如今，梅利霍沃庄园依然生长着风铃草、郁金香、大丽菊、玉簪花、鸢尾花、蔷薇、百合、剑兰、芍药和萱草等花卉。

契诃夫一生钟爱玫瑰。在梅利霍沃和后来的雅尔塔别墅，他都曾亲手栽种过不同品种的玫瑰。每年 7 月，他会亲自为这些玫瑰修理和接枝。秋霜之后，他还要操心如何照顾这些疲惫的玫瑰安然过冬。每当有女士到此访问，契诃夫会为她们亲自挑选并剪下一枝玫瑰。不过“嗜花如命”

梅利霍沃契诃夫纪念馆的入口处

的契诃夫不舍得剪下刚刚盛开的花枝。他总是挑选那些开得最成熟的花，所以往往等不到第二天，这些剪下的玫瑰就谢了。[22] 如今，纪念馆入口处契诃夫雕像的周围也常年盛开着他生前喜爱的玫瑰，以此来纪念可爱的契诃夫。

梅利霍沃让契诃夫感到精神上的富裕和满足。入住梅利霍沃之后，他得以远离繁杂的城市生活。广阔的田野，地平线上深蓝色的林带，映照在收割过的庄稼地上的血红色晚霞，呈现一派纯粹俄罗斯的田园风光。林深菁密，万物深静，麋鹿成群……这也是契诃夫钟爱的生活，而现在这一切都属于他。过路的白云曾经一动不动地停在花园的树梢上，大自然日夜向他述说着永恒的安宁。契诃夫在小说《套中人》（1898 年）中描述的“人在月夜见到广阔的村街和村里的茅屋、干草垛、睡熟的杨柳，心里就会变得安静”[23]，这是他的真实体验。契诃夫的生活很有规律，正午吃饭，晚上十点准时就寝。劳动者的梦总是格外香甜！每当夜幕降临，他就会感到星星从零散的碎云中钻出来，静静地望着大地，而大地上也不再会有人做坏事。

有一次，附近的一处庄园发生火灾，熊熊大火也没能惊醒沉睡的一家人。等到第二天早上起来，大家才发现庄园仿佛一夜间消失了，原来是夜里发生了火灾。米哈伊尔回忆，这段时间的契诃夫总是大清早就起床。他没事就徜徉在花园里，观察各种草木和小鸟。日久天长，逐渐养成一种习惯，他可以边像一个园丁那样收拾花园，边和人交谈，或是在垂钓中构思自己的小说。他在 1892 年 7 月描述了梅利霍沃果树成熟的景象：

> 我们的樱桃多得很……我在树底下吃樱桃，觉得奇怪，竟然没人来掐住我的脖子赶我走。小时候我每天都因为偷草莓叫人揪耳朵。[24]

达维多夫修道院就在梅利霍沃的不远处，有时候契诃夫也会散步到那里。修道院附近有一座公园，那是契诃夫兄弟经常去游玩的地方，他们在那里还留下过快乐的合影。契诃夫沉醉于闪光的露珠，草间甲虫的鸣叫声，以及被晚霞烧红了半边的天空映照下的乡村。在给大哥亚历山大的信中，他描述了全家人的乡村生活："收获了庄稼之后，我们现在不知道该做些什么。下着雪。树木凋零。鸡群缩在一个角落里。饭桌和床铺都失去了吸引力，无论是烤鸭还是酸蘑菇都引不起食欲。但尽管如此，生活并不枯燥。第一，空间辽阔；第二，可以坐雪橇玩；第三，没有人拿了小说稿子来找我聊大天；第四，多少对于春天的幻想！我栽种了六十棵樱桃树和八十棵苹果树……"[25] 此外，他还养了两条小狗布罗姆和希娜，种下了上百株郁金香、风信子、百合花和鸢尾花。每当契诃夫去林子里采摘蘑菇的时候，布罗姆和希娜都会一前一后地跟着他。

很少有人像契诃夫那样爱花和了解花。每当有客人光临的时候，他

《梅利霍沃》，布面油画，列维坦在 1895 年或 1896 年赠予玛丽雅，上面有画家的签名

梅利霍沃庄园入口处，契诃夫的爱犬布罗姆和希娜的雕塑

在梅利霍沃的公园，1892 年 4 月。从左（第二位起）到右：阿列克谢·多尔真科、契诃夫、弟弟米哈伊尔、弗拉基米尔·吉利亚罗夫斯基和弟弟伊万

契诃夫和谢尔普霍夫议会成员合影，梅利霍沃，1893—1894 年。契诃夫坐在前排，抱着小狗

绿树掩映下的海鸥小屋

梅利霍沃的海鸥小屋是俄国现代戏剧的“小小摇篮”

海鸥小屋前的花园，保持着契诃夫生前的样子

契诃夫的花园，可以看到远处的海鸥小屋

常常带着自豪感指点春日和风中盛开的每一丛玫瑰、郁金香以及苹果花。经过这位勤劳园丁的改造，梅利霍沃焕然一新。在1892年4月的一封写给阿维洛娃的信里，他自豪地描述道：

> 是的，农村里现在很好。不只是很好，甚至是好得令人惊叹。真正的春天已经到来，树木都已发芽，天热乎乎的。夜莺在歌唱，青蛙在此起彼伏地鸣叫。我身无分文，但我认为：富足者并非是手中有许多钱的人，而是现在有资格生活在光华清朗的早春环境中的人。[26]

步出梅利霍沃的主屋，在林荫道的尽头有一座浅蓝色的小屋。

为了在创作时不被打扰，契诃夫在1894年为自己建起一座专供写作的小屋。这间小巧玲珑的木屋坐落在花园深处，只有一间书房和一间小卧室，小屋被漆成浅蓝色，楼梯和门是红色的。小屋周围是浆果丛和小玫瑰花园，有一条小路通向苹果园。在春天苹果花和樱花盛开的时候，那里犹如一个童话世界。[27]正是在这间小木屋里，契诃夫写出了《海鸥》。如今，小木屋入口的外墙上挂着一块白色大理石板，上面镌刻着一行字：“我写成《海鸥》的屋子。”在海鸥小屋的周围，契诃夫曾开辟出的花圃如今还在，花圃里生长着各色花草，玫瑰、苍兰、萱草和夏日的木槿花。梅利霍沃的小木屋，既是契诃夫的“精神熔炉”，又是俄国现代戏剧的“小小摇篮”。

《海鸥》的构思源自一件真实发生的事件，这个故事常常被人提起。1892年春天，契诃夫与他的画家朋友列维坦在梅利霍沃打猎。列维坦无意中打伤了一只丘鹬，这只受伤的鸟儿坠落在他们脚下。契诃夫把它托在手掌中。那是一只美丽的鸟，有着一身柔软漂亮的羽毛，两只黑色

在梅利霍沃的花园里，1897 年

的大眼睛露出惊慌痛苦的表情。他不知该怎么办。列维坦皱起眉头，闭着眼睛，用颤抖的声音恳求道："亲爱的，用枪托打它的头。"契诃夫说自己下不了手，而那只丘鹬用痛苦的眼光看着他。最终，契诃夫听从列维坦的请求把它打死了。闲来无事打死了一只美丽的鸟，这件事深深地印在了契诃夫的心中，也成为后来《海鸥》这出戏的戏核。

虽然乡村生活有诸多不便，卫生设施也不能与莫斯科同日而语，但是每当坐在有着三扇大窗子的书房里，契诃夫就感到神清气爽。正如小说《新娘》中描写娜嘉透过窗户看到的那样：

> 从古老的大窗子里望出去，可以看见花园，稍远处是丁香花丛，花开得正盛，这时候却带着睡意，冻得软绵绵的。迷雾又白又浓，缓缓地往丁香花丛那边飘过去，想要盖没它。远处的树上，有些带着睡意的白嘴鸦在叫。

上图：契诃夫捐资的学校，校舍由契诃夫设计
右图：1899 年由契诃夫倡议和捐助的学校

……

在窗下和花园里鸟雀开始喧闹，花园里的迷雾已经消散。四下里一切东西都被春天的阳光照亮，好像洋溢着微笑似的。不久，整个花园给太阳照暖，让阳光爱抚着，苏醒过来了，露珠在树叶上像钻石那样放光。古老而且久已荒芜的花园这天早晨显得那么年轻、华丽。[28]

娜嘉对花园的惊异就是契诃夫的惊异。花园被太阳照暖，书房的光线格外好。他在写给友人的信中说，阳光好的时候会刺痛眼睛，整个房间都暖洋洋的。白天突然变得很长，心情也很安宁。3 月的梅利霍沃还有积雪，契诃夫每天要去花园四五次，把雪铲到水塘，然后看着屋顶上的雪渐渐融化，这时候就能在花园里闻到春天的气息了。

契诃夫说，梅利霍沃的春天让人想到天堂。

在梅利霍沃生活的这段时光，契诃夫喜欢在屋里听着附近树林里夜莺的歌唱，习惯坐着三套马车深夜出诊回家，惊异于月光为他送来的那一个个奇妙的灵感。他沉醉于坐在草垛上浮想联翩，就好像“躺在裸体女人的怀抱里”（致什格洛夫，1894 年 7 月 5 日，梅利霍沃）。他甚

契诃夫的家庭诊室

至幻想着如果结婚，他也将继续住在农村。他在 1895 年 3 月 23 日写给苏沃林的信中说，自己受不了那种朝夕相处的幸福，一想到有人每天对他用同样的腔调说同样的事情，就感到要发疯。他说自己会去做一个好丈夫，而不必日日与妻子相见。

正如普希金笔下的《叶甫盖尼·奥涅金》中达吉雅娜对乡村的深情回忆：

对我，奥涅金，这奢华富丽，
这令人厌恶的生活光辉，
我在社交旋风中的名气，
我时髦的家和这些晚会，
有什么意思？我情愿马上
抛弃假面舞会的破衣裳，
抛弃这些烟瘴、豪华、纷乱，
换一架书，换个荒芜花园，
换我们当年简陋的住处，
奥涅金啊，换回那个地点，
那儿，我第一次和您见面，
再换回那座卑微的坟墓，
那儿，十字架和一片阴凉，
正覆盖着我可怜的奶娘……[29]

契诃夫在质朴生活中的发现，和 19 世纪初那些被流放的俄罗斯贵族在农民的生活中发现了上帝是一样的。不过与此同时，他也发现了农

契诃夫在梅利霍沃，1897 年

民中存在的问题，这些问题的根源与教育的缺失有关。于是他开始酝酿在乡村捐赠建立学校，并为之不懈地努力写作。他所要挤走的“农奴的血液”，其实是一种自我的净化：挤走奴性的血液，留下那些质朴的、自然的、善良的血液。

搬到梅利霍沃的第二年，契诃夫就忙于救治当地的病人。每天都有病人在家中等候问诊，特别是霍乱蔓延期间，契诃夫义务投入了防疫工作，这占据了他大量的时间，他的创作也不得不被迫停顿下来。那年9月，在给大哥亚历山大的信中，契诃夫写道：“早晨。接待病人。到目前为止，我已经看了686名。寒冷，潮湿，囊空如洗。”[30]

他对植物有着天然的好感，为了给村民治病，契诃夫还在院子后面种植了许多草药，梅利霍沃的庄园至今还留有当年种植的草药。契诃夫学过拉丁语，可以翻阅并研究欧洲古老的草药学文献，那里有来自古人的智慧。契诃夫的药圃中有车前草、马鞭草、蓖麻、艾草、风茄、蒲公英以及林地水苏等。车前草在古代欧洲被誉为“百草之母”，那是一种生长在路边的宽叶草，越是被践踏越是生机勃勃，它的叶子可以收敛伤口和止血。风茄是一种古老的草药，可以用作手术时的温和麻药。林地水苏可以用来治疗割伤和溃疡。博学宽厚的契诃夫医生深受村民的爱戴。1895年夏天，他在写给苏沃林的信中说，他去村里看望一个患肺炎的黑胡子农民，等他离开的时候，村民们殷勤亲切地招待他，每个人都争先恐后地护送他，或者帮他把挡路的狗轰开。

1897年3月21日[31]，契诃夫突然出现了肺部大出血，医生诊断为肺尖病变，大面积肺结核，这是契诃夫一直害怕的结果，也是试图逃避的结果，而现在病情的严重程度已经不容他再逃避了。契诃夫的肺部已经损坏，这意味着他对自己的健康不能再抱有任何幻想了。他在奥斯特

诊室外的百草园

诊室后院

龙蒿

蓖麻

药用水苏

药用水苏

上图和下图：海鸥小屋前的玫瑰，2020 年

契诃夫的玫瑰

罗乌莫夫医院住院治疗两周。许多人都去探望他，其中包括托尔斯泰。[32]

出院后的契诃夫于4月11日回到了梅利霍沃。他还没有顾得上休息，就跑去园子里察看他心爱的花草。事实上，在医院的这段时间，他并没有得到非常充分的休息，因为每天都有络绎不绝的人前来探望。每个人都被要求不要长时间谈话，可是他们接二连三地提着问题，契诃夫又耐心地一一给予回答。回到梅利霍沃之后，他的第一件事情就是去修剪玫瑰。他在4月17日的信中写道："我什么事情也不做，用大麻籽喂麻雀，每天都修剪一株玫瑰，经过我修剪之后，开得繁花似锦，家务事我是不干的。"[33] 不过，契诃夫也遇到过一件奇怪的事。他种下的几个品种的玫瑰，最后都开出了白色的花朵。他不解地问玛丽雅："为什么会发生这样的事情呢？"玛丽雅回答道："亲爱的安东，因为你有一颗如此纯净和仁慈的心呀！"[34]

第二年，契诃夫在南方疗养期间，依然牵挂着梅利霍沃的花园，特别是他的玫瑰。

他在写给玛丽雅的信中说自己不时梦见回到梅利霍沃。他急切地询问玛丽雅冰雪是否已经融化，同时告诉她应该如何管理花园：

> 在我回来之前，请不要修剪玫瑰，你只需要把冬天枯死或生病的枝子剪掉就行了，但是切记，一些枯枝有时也会重新发芽的。你应当给每一棵果树刷上石灰浆，在樱桃树根部施上底肥……[35]

契诃夫自1892年3月搬入梅利霍沃，在那里度过了人生最好的年华，写出了最精彩的一批作品。因为健康的原因，医生建议患有肺结核的契诃夫移居南方的克里米亚。他在梅利霍沃生活了七年，一直到父亲因为

契诃夫的玫瑰

肠梗阻去世。父亲走后，母亲并不想一个人留在乡村，她一个人时常感到孤独和害怕。无论如何，全家生活在一起是最好的办法。

1899 年，梅利霍沃庄园出让给一位名叫斯图亚特的俄国贵族。这位贵族后来在“十月革命”后被处决，庄园充公，先后用作孤儿院、集体农庄的仓库和牲口棚。庄园里的建筑几乎全部被毁，仅有写作《海鸥》的那间小屋奇迹般地幸存下来。再后来，梅利霍沃庄园因历经战乱逐渐破败。梅利霍沃庄园保护区于 1940 年开始纳入政府计划，但是这项修缮和建设契诃夫纪念馆的计划又因为第二次世界大战爆发而被迫停止。1958 年，苏联政府决定重修庄园，建立契诃夫纪念馆。1960 年，契诃夫百年诞辰时，整修一新的梅利霍沃纪念馆正式对外开放。

如今，庄园内的建筑均是在 1940 年设立博物馆时根据契诃夫妹妹和侄子保存的设计图与照片依原样修复的，展品也大多是契诃夫家人捐出的实物。2016 年，梅利霍沃庄园获得中央联邦管区文化艺术事业奖，2015 年、2017 年、2019 年获得“俄罗斯世界”资助基金，2020 年获得俄罗斯文化艺术工程基金。

直到今天，梅利霍沃的小木屋外，依然保留着契诃夫的玫瑰园，园内栽有各色玫瑰。它们有各种美妙的名字：“月亮女神”“特拉维塔”“摩纳哥公主”“维克托·瓦尔兰德”“爱弗的玫瑰”“布拉邦公爵夫人”“蒙扎美人”“金星”“莱恩尼”“维苏威火山”“克罗莉丝”“瑟芬娜·德鲁安”……它们在晒热的空气里氤氲着一阵阵沁人心脾的清香。

契诃夫懂得最终是时光造就了玫瑰和花园

契诃夫亲自带人在主屋
后挖了一个大池塘

屋后池塘边的野鸭子

野鸭在歌唱

1 [俄] 契诃夫:《契诃夫小说全集 · 第 9 卷》, 汝龙译, 上海译文出版社 2000 年版, 第 361 页。

2 [俄] 契诃夫:《契诃夫书信集》, 朱逸森译, 上海译文出版社 2018 年版, 第 210 页。

3 [法] 伊莱娜 · 内米洛夫斯基:《契诃夫的一生》, 陈剑译, 人民文学出版社 2009 年版, 第 114 页。

4 [俄] 契诃夫:《契诃夫书信集》, 朱逸森译, 上海译文出版社 2018 年版, 第 171 页。

5 Peter Sekirin, *Memories of Chekhov: Accounts of the Writer from His Family, Friends and Contemporaries,* McFarland, Jefferson, N.C., 2011, p.25.

6 [俄] 格 · 别尔德尼科夫:《契诃夫传》, 陈玉增译, 黑龙江人民出版社 1988 年版, 第 236—237 页。

7 [法] 亨利 · 特罗亚:《契诃夫传》, 侯贵信等译, 世界知识出版社 1992 年版, 第 146—147 页。

8 [俄] 格 · 别尔德尼科夫:《契诃夫传》, 陈玉增译, 黑龙江人民出版社 1988 年版, 第 163 页。

9 [俄] 契诃夫:《契诃夫小说全集 · 第 10 卷》, 汝龙译, 上海译文出版社 2000 年版, 第 345 页。

10 [俄] 玛丽雅 · 巴甫洛芙娜 · 契诃娃:《遥远的过去: 我的哥哥契诃夫》, 史永利译, 中央编译出版社 2011 年版, 第 106 页。

11 [俄] 玛丽雅 · 巴甫洛芙娜 · 契诃娃:《遥远的过去: 我的哥哥契诃夫》, 史永利译, 中央编译出版社 2011 年版, 第 106—107 页。

12 Mikhail Pavlovich Chekhov, *Anton Chekhov: A Brother's Memoir*, Palgrave Macmillan, New York, 2010, p.176.

13 [俄] 契诃夫:《契诃夫小说全集 · 第 8 卷》, 汝龙译, 上海译文出版社 2000 年版, 第 268 页。

14 [俄] 契诃夫:《契诃夫小说全集 · 第 9 卷》, 汝龙译, 上海译文出版社 2000 年版, 第 11 页。

15 契诃夫有随身携带笔记本和随时记录的习惯。他一共留下了四本这样的笔记本, 是我们研究其创作的重要文献。

16 [俄] 谢 · 尼 · 戈鲁勃夫等编:《同时代人回忆契诃夫》, 倪亮等译, 广西师范大学出版社 2016 年版, 第 532—533 页。

17 [俄] 契诃夫:《契诃夫小说全集 · 第 9 卷》, 汝龙译, 上海译文出版社 2000 年版, 第 332 页。

18 Peter Sekirin, *Memories of Chekhov: Accounts of the Writer from His Family, Friends and Contemporaries ,* McFarland, Jefferson, N.C., 2011, p.58.

19 Mikhail Pavlovich Chekhov, *Anton Chekhov: A Brother's Memoir, Palgrave* Macmillan, New York, 2010, p.176.

20 《黑修士》中那个在田野上空飘荡的僧人是契诃夫曾经梦见过的, 他醒来就讲给弟弟米哈伊尔听。

21 [俄] 契诃夫:《契诃夫小说全集 · 第 9 卷》, 汝龙译, 上海译文出版社 2000 年版, 第 97 页。

22 Peter Sekirin, *Memories of Chekhov: Accounts of the Writer from His Family, Friends and Contemporaries,* McFarland, Jefferson, N.C., 2011, p.76.

23 [俄]契诃夫:《契诃夫小说全集·第10卷》,汝龙译,上海译文出版社 2000 年版,第 166 页。

24 [俄]格·别尔德尼科夫:《契诃夫传》,陈玉增译,黑龙江人民出版社 1988 年版,第 278 页。

25 [俄]格·别尔德尼科夫:《契诃夫传》,陈玉增译,黑龙江人民出版社 1988 年版,第 279 页。

26 [俄]契诃夫:《契诃夫书信集》,朱逸森译,上海译文出版社 2018 年版,第 188 页。

27 Mikhail Pavlovich Chekhov, *Anton Chekhov: A Brother's Memoir*, Palgrave Macmillan, New York, 2010, p.196.

28 [俄]契诃夫:《契诃夫小说全集·第10卷》,汝龙译,上海译文出版社 2000 年版,第 349 页。

29 [俄]普希金:《叶甫盖尼·奥涅金》,智量译,上海文艺出版社 2020 年版,第 242 页。

30 [俄]格·别尔德尼科夫:《契诃夫传》,陈玉增译,黑龙江人民出版社 1988 年版,第 282 页。

31 在别尔德尼科夫和特罗亚的两部传记中,关于契诃夫这一次吐血的日期并不一致。准确的时间应该是 1897 年 3 月 21 日。

32 托尔斯泰告诉契诃夫,他这段时间正在写一本关于艺术的书,并且已经读完了约 60 本论述艺术的著作。托尔斯泰表示自己想在书中让大家相信艺术已经进入了最后的阶段,进入了一个死胡同,已经没有出路了。契诃夫对此持保留意见。

33 [俄]格·别尔德尼科夫:《契诃夫传》,陈玉增译,黑龙江人民出版社 1988 年版,第 347 页。

34 Peter Sekirin, *Memories of Chekhov: Accounts of the Writer from His Family, Friends and Contemporaries*, McFarland, Jefferson, N.C., 2011, p.70.

35 [法]亨利·特罗亚:《契诃夫传》,侯贵信等译,世界知识出版社 1992 年版,第 218 页。

1897 年 5 月至 6 月，契诃夫和米齐诺娃在梅利霍沃，图中可以感到契诃夫的矜持

第 7 章

别了，苦涩的玫瑰

Прощай, горькая роза

《海鸥》的背景和题材来自契诃夫在梅利霍沃的生活，剧中的人物大多是他生活中的朋友的混合体。梅利霍沃的生活经历对契诃夫创作《海鸥》及其他戏剧有至关重要的影响。

《海鸥》写于1895年，后来发表在《俄罗斯思想》第12期上。

这部戏剧写了一个乡下湖滨庄园里，身份不一、地位不一却又相互关联、相互纠缠的十个人物（全剧共十三个人物，其中三个为基本没有台词的厨子、女仆和工人）。中年女演员阿尔卡基娜带着她的情夫，知名作家特里果林，来到哥哥索林的乡下庄园度假。她的儿子特里波列夫爱上了纯洁天真的少女妮娜。他邀请妮娜演出自己创作的具有“全新形式”的剧作，为此还在庄园搭建了临湖小舞台。然而，演出却因为母亲的冷嘲热讽而终止。所有人都不能理解特里波列夫这出戏的价值，只有多尔恩医生肯定他的才华。

渴望追求艺术的妮娜在与特里果林的交往中渐渐爱上了他，并在特里果林即将回莫斯科时决心鼓起勇气向他表白。按照特里果林给她的地址，她来到莫斯科与他相见，勇敢地踏上追求梦想的征途。不料她在怀孕后被特里果林抛弃，后来孩子也夭折了。第四幕，妮娜与特里波列夫在庄园重聚。特里波列夫请求妮娜留下来，妮娜却决定继续去追寻自己的梦想。特里波列夫最终没能找到生活的意义所在，也没有挽留住妮娜。最终，他以自杀结束了自己年轻的生命。

契诃夫创作《海鸥》与两件事有直接关系。第一件事情在上一章讲过。1892年春天，契诃夫与列维坦在梅利霍沃打猎，列维坦无意中打伤了一只丘鹬。经过激烈的思想斗争，契诃夫最终在列维坦的恳求下打死了这只美丽的鸟儿。

第二件事情就是契诃夫与曾经的女友丽季雅·斯塔希耶芙娜·米

列维坦和他的狗维斯塔，19 世纪 90 年代

列维坦创作的契诃夫肖像画，1880 年

齐诺娃（丽卡）之间的感情波折。米齐诺娃是《海鸥》中妮娜的原型。1889 年 10 月，契诃夫一家还住在莫斯科库尔德林花园街的时候，米齐诺娃就是契诃夫家中的常客。因为米齐诺娃是玛丽雅所执教的中学的同事，也是玛丽雅日常朋友圈中的亲密伙伴。玛丽雅把米齐诺娃带回家中，就好像把俄罗斯童话中的“天鹅王后”领回了家，契诃夫兄弟对妹妹这位同事的美貌惊叹不已。米哈伊尔在回忆录中写道：“她被赋予了一种罕见的美，无论是她的外表还是性格。她到哪里都会吸引大家的目光，人们盯着她看，可即便如此她也没有虚荣心。除了美丽，大自然还赋予了她智慧和快乐的性情。她是我们最受欢迎的客人之一，她的到来总是令我们感到轻松和愉快，我们的父亲像爱自己的女儿一样爱她。安东的朋友们都迷上了她。”[1]

丽季雅·米齐诺娃

米齐诺娃有着令人目眩神迷的姿色，浅灰色的鬈发，两道浓密细弯的眉毛下是一双灰色的明亮眼睛。她天性活泼，为人随和，极易相处，既柔媚又淳朴，既成熟又天真。契诃夫一家都喜欢这位长相美丽、性格开朗的女孩子，大家称呼她为“漂亮的丽卡”。米哈伊尔回忆说：“当她来看我们的时候，我们家就会变得生气勃勃，连我们的父亲巴维尔·叶戈罗维奇也要她坐在自己身边，请她喝用白桦幼芽泡的露酒。”[2] 玛丽雅回忆说：“他们很要好，似乎互相爱慕。说真的，那个时候，以及过了很长时间以后，我一直认为哥哥这方面的感情比丽卡那方面还要强烈。”[3] 十九岁的米齐诺娃人见人爱，契诃夫不能不对她动心。

契诃夫一家搬去梅利霍沃之后，米齐诺娃经常和玛丽雅一起从莫斯科来梅利霍沃，有时候还会在那里小住。从契诃夫和米齐诺娃的通信来看，两人确实有过一段美好的时光，但他们的恋爱关系始终没有公开或明朗。米齐诺娃曾经对契诃夫一往情深，但契诃夫比较慎重。玛丽雅认为，契诃夫总是克制着自己对米齐诺娃的感情，是因为“丽卡身上有一些与哥哥格格不入的特点，她意志薄弱，喜欢浪漫的生活”[4]。到底是什么毁了两个人的感情，让契诃夫最终意识到，米齐诺娃并非可共度此生的爱人？

1891年年初，米齐诺娃突然和契诃夫的朋友，画家列维坦关系亲密。列维坦有着火热的激情，凡是他钟情的女性，他都会不惜一切去追求。他会突然跪在一个女人面前求爱，也不管是在哪里。有些女人喜欢他这一点，而有些则非常害怕，甚至避之不及。[5]契诃夫深知列维坦的私生活并不严肃，加之他又和有夫之妇索菲亚·彼得罗夫娜·库夫申尼科娃关系暧昧，而米齐诺娃竟然对这样的危险关系毫无戒备，天真地掉入了这个奇怪的关系网中。更令契诃夫感到难以忍受的是，列维坦居然在写给他的信中炫耀自己和米齐诺娃的交往。[6]

1891年5月17日，在阿列克辛租住的庄园中，契诃夫在信中一边以“金子般的、珍珠般的和天鹅绒般的丽卡”称呼米齐诺娃，一边呼唤着“啊！丽卡，丽卡，地狱般的美女”。在契诃夫那封署名为“矿泉水”的信中，他告诉米齐诺娃：“遇到了什么我们曾经说起过的麻烦，那么请您不要悲伤，而是到我们这边来，我们会热烈地把您拥入怀中。”[7]

但是米齐诺娃的天真和任性葬送了她和契诃夫之间的感情。她原以为可以用另一个人来引起契诃夫的嫉妒，这样便可以借机试探契诃夫的感情，然而她想错了。她在1891年6月10日写给契诃夫的信中，实实在在为这段感情种下了“悲剧的种子”。她故意透露自己和列维坦在一起，这本是为了引起契诃夫的嫉妒和重视。她甚至在结尾说：“如果您还不是木头人，就给我写信。我的地址和列维坦一样，只是要写上鲍克罗夫斯科依村。”[8]米齐诺娃并没有意识到，自己的这种天真和任性会伤害到契诃夫。

这封信引起契诃夫强烈的反感。在6月12日的回信中，擅长讽刺的契诃夫绵里藏针地挖苦了米齐诺娃，毫不掩饰地嘲笑了她的虚荣。契诃夫这样写道：“您迷恋上列维坦之后，完全忘记了向我弟弟伊万做过要在6月1日来我家做客的许诺，我妹妹给您写信，您也不做回答。”言下之意是米齐诺娃轻易许诺，而且不只对一个人，许诺后就轻而易举地忘记了。契诃夫说：“您尽管出入上流社会，但您还缺乏教养。”这是对米齐诺娃炫耀目前的交往、一心想跻身上流社会的嘲讽和提醒。他继续写道：“我们的花园很好，浓绿的林荫路，幽静的角落，小河，磨坊，小船，夜莺，火鸡……在小河和池塘里有聪明的青蛙。我们常去散步，而且我常常闭着眼睛，把右臂膀弯成一个半圆，想象着是您正在与我挽手同行。”契诃夫提及梅利霍沃的言下之意是，这些自然和美好的生活，对米齐诺娃来说居然是没有吸引力的，没有价值的，抵不上贵族沙龙的生活，那么他们注定不可能同行。在信末，契诃夫非常有礼貌地问候列维坦，但也提出自己的忠告：“您请他给我写信别总提起您。第一，他

《秋天》，布面油画，列维坦在1891年赠予米齐诺娃，上面有画家的签名

这样做有失风度；第二，他的幸福与我没有关系。”[9]

1891年6月20日，因为米齐诺娃来信说身体欠佳，契诃夫在回信中让她“保护前胸，哪怕穿上一条棉背心”。这句话不是关心，而是提醒。因为已经是6月份了，再怎么冷也不需要穿棉背心，这显然是在揶揄米齐诺娃。契诃夫还让她喝奶“不要大口喝，而是一小口一小口慢慢喝——这样既健康也体面……如果肠胃很好和不能游泳，那么为了保护自己女性的神经系统，可以服用一些溴化钾之类的药品……在与老祖母或是与列维坦聊天的时候，别大声叫喊。不要在信中称善良的朋友是白痴”[10]，这些话也显然带着挖苦和嘲弄。他指出她吃相并不好看，她有大声叫喊的习惯，希望她服药保护神经系统，少说话，等等。他还提醒对方，不要在背后说善良朋友的坏话。在1892年3月27日的信中，契诃夫甚至婉转地责备米齐诺娃忘了昔日的情分。他饱受爱情的煎熬并近乎绝望、无限哀伤地写道：

> 您是个爱说谎的人，我不相信您：您全然不想住到我们家附近来。您的别墅在瞭望台下的肉铺——那是您的心所向往的地方。我们对于您来说分文不值；我们是去年的椋鸟，它们唱出的声音早已被人忘记。
>
> ……我已经是个苍老的年轻人，我的爱情不是太阳。无论是对于我本人，还是对于我爱着的小鸟，都成不了春天的气候！丽卡，我热烈地爱着的，不是你。在你身上我爱着我过去的痛苦和逝去的青春。[11]

实际上，此时的契诃夫还是希望米齐诺娃能够从列维坦和库夫申尼科娃的关系中摆脱出来，重新回到梅利霍沃，恢复两人从前的关系。为什么这么说？因为就在这封信发出的第二天，契诃夫就有些后悔，紧接着写了一封信向米齐诺娃再次发出爱的召唤，并且不惜放低自己的姿态。他恳求米齐诺娃：

……我们急不可待地等候您的到来……不要过早地忘记我们。至少做做您还记得我们的样子。丽卡，骗骗我们吧。欺骗要比冷漠好……

没有钱……没有安宁。而最主要的是没有密丽塔，而且还没有我今明两天就能见到她的希望。

祝健康。密丽塔，骗骗我们吧。向列维坦问好……

从头到脚都属于您的，全身心都属于您的，直到死都属于您的，爱您爱到忘我，爱到发疯的安东。[12]

或许是米齐诺娃的冷淡再次刺伤了契诃夫的自尊心，这之后有三个月的时间，契诃夫保持着克制和沉默，直到米齐诺娃向他发出一起去高加索旅行的邀请。然而，米齐诺娃提出以旅行的方式来弥合感情，说明她还是没有脚踏实地地回到生活本身，至少她并不体谅契诃夫写作的艰辛。契诃夫的每一分钱都挣得不容易，旅行必然要花费一大笔费用，这对于契诃夫而言是一个负担。果不其然，她又一次遭到了契诃夫的回绝。契诃夫在1892年6月23日的回信中邀请米齐诺娃去梅利霍沃做客而不是答应去高加索旅行，米齐诺娃对此极为恼火。她认为契诃夫并不把自己放在心上，但事实上，是她没有真正体谅契诃夫的难处。

旅行的要求被婉拒之后，米齐诺娃又故技重演，在信中提出，希望契诃夫忘记自己，把自己曾经的信退还回去，并且谎称自己有了一个七十岁的有钱的求婚者（这是子虚乌有的，只是她的气话），还说自己现在已是对方的未婚妻了。这个玩笑开得过了头。信寄出之后，米齐诺娃着急地等待契诃夫的回应，但是她再也没有盼来契诃夫的嫉妒和痛心，更没有盼来契诃夫的爱情。从契诃夫后来的信中我们可以发现，他好像已经从痛苦的感情中逐渐摆脱出来了。他又开始谈笑风生地揶揄、挖苦、嘲弄米齐诺娃。他说米齐诺娃是怪女人，说自己“不会妨碍年轻姑娘们的生活，您是自由的”[13]，等等。自此，契诃夫写给米齐诺娃的信皆是话里有话，这表明他内心对米齐诺娃不再抱有任何希望，也决心面对两人渐行渐远的结局。他甚至用对待风尘女子的话来挖苦米齐诺娃，比如说“您为了感激原先得到的幸福，您得寄给我3000卢布”；甚至大谈特谈“那个黑眼睛的、充满非洲激情的列维坦”，关心“那位七十岁的竞争对手”，以此表明自己已经完全不在乎了。[14]他在信中明确表示：

> 丽卡，在您身体里盘踞着一条大鳄鱼，所以我做得很对，我听从了健全的理智，而不是被您咬了一口的心。您离我远一点，远一点！或者，不，丽卡，不管怎么的，您让我被您的香水弄昏了头脑，帮我把那根牵马索拉紧，您已经把这条绳索套到了我的脖子上。
>
> 我可以想象，当您读到这几句时，会怎样幸灾乐祸地庆贺自己的胜利，并发出恶魔般的笑声……啊嘿，我大概是写得很愚蠢，您把这信撕了吧。请原谅，这信写得很潦草，您不要把它给任何人看。啊嘿！啊嘿！
>
> 巴索夫写信给我说，您又抽烟了。丽卡，这很坏。我讨厌您的性格。[15]

自此，两人在通信中唇枪舌剑，互相挖苦。尽管到了这一年的7月，契诃夫又提出希望米齐诺娃冬天能够到梅利霍沃去，并说“我们会过得很快活。我接过教育您的任务，戒除您的坏习惯”[16]，恳求米齐诺娃给自己写信。但给人的印象是，他们之间已经缺乏那种来自精神维度的依恋和敬重。一方面契诃夫对米齐诺娃的生活方式鄙夷不屑，另一方面又难以完全割舍与她的关系。传记作家特罗亚认为："虽然他（契诃夫）不肯承认，但实际上他是在设法通过取笑她来抵御她青春的风姿、泼辣的作风和忧郁的滑稽举动对他产生的诱惑。他在竭力维护自己内心的孤独感。"[17]

不知所措甚至失望的米齐诺娃，又转向了契诃夫的另一位朋友，音乐家波塔宾科。

1894 年 3 月，她在巴黎和波塔宾科走到了一起，这是她一生最悲惨的时期。波塔宾科是有妇之夫，很有可能米齐诺娃是因为始终得不到契诃夫关于结婚的明确承诺而陷入痛苦和迷茫。为了忘却或摆脱契诃夫，迷茫的她走向了一条不归路。她给契诃夫写信说："世界上只有一个人能阻止我进行这种有意识的自我摧残。但是这个人却对我漠不关心。再说，现在已为时过晚了……愿你不要忘掉被你抛弃了的女人。"[18] 这封信中流露出对契诃夫的冷漠的指责和失望。她还对自己的选择做了些说明："你清楚地知道我对你怀有什么样的感情，所以，我丝毫也不因为给你写信而感到羞愧。我也知道你对我的态度是高傲和冷漠的。我最大的愿望就是摆脱我目前这种没有指望的状况，但是我独自一人是很难做到这一点的。我恳求你帮助我。请你再也不要让我来看你，也希望你不要再设法见我了。"[19] 这封信表明，米齐诺娃的绝望来自"没有指望的"爱情，她指责契诃夫把自己给推了出去，她是不得已才去当别人的情妇。

这段交往不仅让米齐诺娃全部的梦想破碎殆尽，而且让她坠入了苦难的深渊。波塔宾科让米齐诺娃怀上孩子之后，就将她抛弃了。米齐诺娃一直对所有人隐瞒自己的遭遇，为了给自己保留一点自尊。但是最终，她还是在最痛苦的时候向契诃夫兄妹求助。她在写给玛丽雅的信中说："从到巴黎的第一天起，苦难、欺骗、躲避等等就开始了，而后我的处境越来越困难，我发现对一切都不能抱有希望，我已经落到想寻死的地步。"[20] 她的不幸遭遇引起了契诃夫极大的痛心和愤怒，他谴责波塔宾科"简直是一个畜生"[21]！玛丽雅在《遥远的过去》一书中详细地回忆了这段令人心碎的往事。

米齐诺娃的遭遇后来被契诃夫写进了《海鸥》，这段命运被原封不动地保留在了妮娜身上。剧中特里果林抛弃妮娜，就像波塔宾科抛弃米齐诺娃，而阿尔卡基娜这个人物身上有着波塔宾科妻子的影子。和剧中的妮娜一样，米齐诺娃后来在走投无路中生下一个女儿，可惜这个孩子夭折了。生活中的波塔宾科对米齐诺娃和女儿既没有表示关怀，也没有尽任何责任。

在米齐诺娃和契诃夫这段时间的通信里，我们可以感到米齐诺娃的无助和绝望。契诃夫为她的命运而痛心，但是又感到自己无能为力。契诃夫感到懊悔和自责，他眼睁睁地看着米齐诺娃走上了这条路，没有能够保护她。他在 1894 年 9 月写给米齐诺娃的信中说：

> 我身体不太好，几乎不断地咳嗽，显然我就像错过机会失掉您一样，失掉了健康。[22]

在解读这封信时，很多人认为这句话表达了契诃夫为这段失之交臂的爱情和婚姻而表示惋惜。事实真的是这样吗？

真实情况或许并非如此。契诃夫早就知道米齐诺娃的性格弱点，也知道自己对此毫无办法，知道他们注定不可能生活在一起。关于他们之间感情的最后结果，契诃夫早就有预想，他绝不可能和米齐诺娃结婚，但是他始终保持着对她的尊重和祝福。他也根本没有想到她的命运会发生这样大的转变。正是米齐诺娃的性格，把她拖向了命运的旋涡，契诃夫对此感到无能为力。他知道失去米齐诺娃对自己而言，或许并不算错过什么幸福，但他为她的人生感到惋惜。

美是脆弱而易逝的，正如他在小说《美人》(1888年)中所写的那样："……我隐隐感到她那种少有的美是偶然的，不必要的，而且像人间万物一样，不会长久存在？或者，我这种忧郁也许是人见到真正的美的时候总会产生的那种特殊感触吧？那就只有上帝知道了！"[23]米齐诺娃相信了一个不该相信的人，滑向了悲剧命运的泥潭。契诃夫或许有一些哀其不幸、怒其不争的心理，所以就索性放任不管。他并没有像《阿莉阿德娜》这篇小说中的主人公沙莫兴一样听从了背叛自己的阿莉阿德娜的召唤，回到她的身边。契诃夫不是沙莫兴。但他实在没有想到结果会这么严重。美丽的米齐诺娃成了人生悲剧的主人公。

1893年左右，契诃夫的弟弟米哈伊尔也经历了一次噩梦般的感情生活。他原本和一个伯爵的女儿克拉伊凡诺夫娜相爱，两人在复活节前正式订了婚，米哈伊尔对这个女孩爱得神魂颠倒。可是突然有一天他收到一封信，未婚妻说要到姨妈家去，自此杳无音信。当他找到对方时，居然是在这位伯爵小姐的婚礼上——她嫁给了一个开采金矿的企业家。[24]经历了这场噩梦，米哈伊尔几乎精神崩溃，很久以后才从这段爱情和背叛的阴影中走出来。

米哈伊尔遭遇的背叛，米齐诺娃这样一位美好女子的禀赋和性格之谜，让契诃夫对爱情不再抱有希望，也不敢轻易相信女人。他在很多作品中写了那些对爱情不抱希望的人，对女人的矛盾性格进行了艺术上的探索，他觉得她们的真实感情和意愿可能是永远捉摸不透的。《太太》（1895年）和《挂在脖子上的安娜》（1895年）叙述的是没有爱情的夫妻生活，《文学教师》（1894年）讲的是爱情的萌生和破灭。在这些作品中都表现了悲剧性的爱情，或是没有爱情的悲喜剧。

遭波塔宾科抛弃的米齐诺娃，一度想成为一个自食其力的人。她在1898年时曾想开一家时装店。契诃夫得知后，在给玛丽雅的一封信中这样写道："丽卡怎么样？她的时装店又如何？她会压低嗓门狠狠地训斥那些女裁缝，因为她的性情暴烈得很啊。她非常喜欢绿色和黄色的绦子与大檐帽子，由于她的趣味存在这种缺陷，就不可能成为一个时髦和雅致的服装倡导师……不过，我并不反对她开办时装店，因为不论怎么说，这毕竟是一种劳动。"[25]然而，米齐诺娃的时装店终究没有开成，她的想法很快又被另一个想法替代。1898年4月，她到巴黎学习声乐去了。

米齐诺娃的事情发生之后，契诃夫很长时间深陷其中，他一直思索着那些性格不定的女人所遭遇的命运的重创。他思考的不仅仅是米齐诺娃，而是许许多多像她一样的女性，小说《大沃洛嘉和小沃洛嘉》就完成于这段时间。契诃夫并没有斥责那些意志薄弱、性格不定的女子，而是反思了她们所处的环境，以及她们所依附的那些人。

米齐诺娃和许许多多当时的女性一样，希望依靠嫁人改变自己的生活。她有着吸鼻烟的恶习，也并不珍惜自己最初的教师工作，以及后来的翻译工作。她时常把自己的工作移交给别人，希望过养尊处优的生活。现在我们来看契诃夫和米齐诺娃的分分合合，最主要的原因是米齐诺娃的人生观和价值观违背了契诃夫所认同的至高无上的人生准则，那就是自食其力。在契诃夫看来，一个自由的人，要通过自己的努力劳动，去

С-ПЕТ: РБУРГЪ. Александринскій теа
ST.-PETERSBOURG. Théâtre Alexandr

亚历山大剧院，19 世纪

赢得有尊严的生活。他之所以不能和米齐诺娃最终走到一起，也许并不是因为她曾经移情别恋。前文提过，契诃夫在写给尼古拉的信中，曾讲到“有教养之人的八条原则”。其中就有“对妇女的要求是朝气、文雅、人性、才干，要会当母亲……”如此看来，米齐诺娃确非他的理想人选。

关于米齐诺娃是不是契诃夫的真爱，人们有很多看法。

我想契诃夫最初对米齐诺娃有过超越友谊的爱慕，但是米齐诺娃的性格和精神世界又不能与契诃夫完全相融。本质上非常冷静和理性的契诃夫权衡再三，觉得她恐怕不是可以和自己共度此生的人，所以就退回到最初的距离。但是米齐诺娃一直深爱契诃夫，她因为得不到契诃夫的爱而感到绝望和痛苦，并做过一些不理智的事情，最终导致两人渐行渐远。

据玛丽雅回忆，《海鸥》在圣彼得堡的首演现场，米齐诺娃与带着妻子前来看戏的波塔宾科不期而遇，这是一次尴尬的相见。他们共同观看熟悉的剧情，就好像回顾那过往的生活。米齐诺娃看着舞台上的妮娜，思绪又回到了痛苦的过去。她激动不已，一直在流泪。在她的心中，梅利霍沃的春天、月夜和契诃夫亲手培植的花园，或许已统统幻化成《海鸥》中让人心驰神往的湖面与庄园。

《海鸥》中那片美丽的“湖上景色”，它不是一般戏剧作品里舞台指示所要求为戏剧事件营造的物质环境。这片湖水是有灵性的，是一个诗意的象征，是追求梦想的灵魂栖息处。契诃夫通过“湖上景色”，将风暴和剧中人物的命运联系在一起，以大自然的色彩变化，来衬托剧中人物精神状态与内心情感的变化，暗示他们不幸的命运。到了第四幕特里波列夫的悲剧临近的时候，契诃夫渲染了一个月黑风高、萧瑟恐怖的湖景。玛莎见此情状马上不安起来：“湖上起浪啦，好大的浪头。”她

圣彼得堡涅瓦大街

圣彼得堡涅瓦大街

《海鸥》在圣彼得堡的演出遭遇惨败，后来在莫斯科艺术剧院的演出获得成功，这是 1898 年丹钦科导演的《海鸥》的演出海报

隐约感到命运正在露出狰狞的面目。那蔚蓝的湖水、清冷的月光、破败的舞台，在契诃夫剧作中作为密集的意象，烘托出剧中人物的种种情绪：或是憧憬，或是忧伤，或是孤独与无奈。

那个为演出而搭起的小戏台，是一个充满神话与梦境般温馨浪漫的神圣之地。契诃夫在特里波列夫身上倾注了他作为诗人的热情与希望，将其描绘成一位浪漫主义的曼弗雷德式的诗意青年。他与妮娜在湖边的小戏台上演出，以大自然的湖泊、森林、升起的月亮、闪烁的星光为背景，宇宙的灵魂在皓月当空的夜晚，在篝火燃烧的时刻与人类不朽之创造精神融为一体。

《海鸥》首演后，米齐诺娃又写了许多信给契诃夫，要么是表达自己的孤苦无依，要么是充满哀伤的自怨自艾，要么是希望契诃夫给予她人生的希望，要么是把一切的罪过都归咎于契诃夫……对此契诃夫始终保持一言不发。他没有嘲笑和幸灾乐祸，而是鼓励米齐诺娃勇敢地面对未来，就像《海鸥》的最后一幕，妮娜对绝望中的特里波列夫所给予的鼓励。

米齐诺娃后来嫁给了莫斯科艺术剧院的一位导演，但她至死都没有忘记契诃夫。契诃夫去世之后，他的葬礼在莫斯科举行。玛丽雅回忆道：

> 我怎么也忘不了那一天，安东·巴甫洛维奇的葬礼在莫斯科举行过后，丽卡穿着一身黑色的丧服到我们家里来了。她默默地在窗边站了大约两个钟头，我们想办法跟她说话，可是她一句话也不回答……想必她经历过的往事又都浮现在她的眼前了。[26]

米齐诺娃后来跟随丈夫在俄国革命期间移居法国，于 1937 年在巴黎的一家医院去世。1898 年，她曾经寄给契诃夫一帧小照，照片上的题词是阿普赫京的诗句：

> 我只知道一件事：直到我生命的最后一刻，我的思想、我的歌声和力量，属于你！

没有了米齐诺娃的梅利霍沃，意味着一段生活结束了，但又好像没有结束，春天依然如期而至。契诃夫经常想起米齐诺娃曾在钢琴前演唱的那首《瓦拉克传奇》：“哦，是什么歌声俘获了我！她偷去我的心，如同天使挥动翅膀，从天上来到了我的身旁。”[27] 窗外是鸟儿的啁啾，花园里的花都开了，屋子里弥漫着园中花草的香气，而这一切都已经成为过往。米哈伊尔回忆说：“这种情绪无法驱散，这种感觉就像死亡，好像珍贵的东西永远地消失了。”[28] 米齐诺娃在 1899 年 1 月写给契诃夫的信中说：“如果我是一个伟大的歌唱家，我就要把您的梅利霍沃买下来！我简直不能想象，我会再也看不到它。关于梅利霍沃的美好回忆太多了，最好的青年时代是和它联系在一起的。”[29]

梅利霍沃的玫瑰依然盛开，却没有了欢乐。人如何才能够得到幸福？

契诃夫在很多作品中苦苦追寻这个问题的答案。他最终的答案是，人要进行富有创造性的劳动，在人与人的友爱和交往中，以及人与大自然的亲密关系中，得到真正的安顿和幸福。这样的思想在契诃夫自己最喜欢的短篇小说《大学生》中有更加清晰的表达。小说描写了主人公大学生在受难节忍受不住饥饿，去山里打猎。菜园里的寡妇同样正坐在那里洗一口锅和几把汤勺。她说起彼得与耶稣的故事，耶稣已经预见到彼得会背叛自己，却还是选择了原谅他。大学生最后获得了真理必然胜利

梅利霍沃的钢琴，丽卡曾在钢琴前演唱动听的浪漫曲

和幸福必然降临的信念，并非来自哪个了不起的人物，而是来自这位他偶遇的普通村妇。这次相遇改变了大学生的世界观和价值观。

由此，大学生意识到万物之间的永恒关联。让我们重温小说中的精彩描写。“过去同现在”，“是由连绵不断、前呼后应的一长串事件联系在一起的”，“真理和美过去在花园里和大司祭的院子里指导过人的生活，而且至今一直连续不断地指导着生活，看来会永远成为人类生活中以及整个人世间的主要东西。于是青春、健康、力量的感觉（他刚二十二岁），对于幸福，对于奥妙而神秘的幸福那种难于形容的甜蜜的向往，渐渐抓住他的心，于是生活依他看来，显得美妙、神奇、充满高尚的意义了”。[30]

米齐诺娃在契诃夫心中，有着永远难以忘怀的美以及无法言说的遗憾。他多么希望“漂亮的丽卡”能够感悟生活的本质，确认真正的幸福。

别了，苦涩的玫瑰！

---

1 Mikhail Pavlovich Chekhov, *Anton Chekhov: A Brother's Memoir*, Palgrave Macmillan, New York, 2010, p.151.

2 [俄]谢·尼·戈鲁勃夫等编：《同时代人回忆契诃夫》，倪亮等译，广西师范大学出版社 2016 年版，第 66 页。

3 [俄]玛丽雅·巴甫洛芙娜·契诃娃：《遥远的过去：我的哥哥契诃夫》，史永利译，中央编译出版社 2011 年版，第 141 页。

4 [俄]玛丽雅·巴甫洛芙娜·契诃娃：《遥远的过去：我的哥哥契诃夫》，史永利译，中央编译出版社 2011 年版，第 142 页。

5 *Mikhail Pavlovich Chekhov, Anton Chekhov: A Brother's Memoir, Palgrave Macmillan, New York, 2010, p.113.*

6 契诃夫后来创作的小说《跳来跳去的女人》，传言就是以库夫申尼科娃为原型的，而小说中的德莫夫就是她的丈夫。因为这个小说，列维坦和契诃夫绝交了，直到很多年后两人才恢复关系。

7 童道明译著：《爱的故事：契诃夫和米齐诺娃》，中国人民大学出版社 2014 年版，第 11 页。

8 童道明译著：《爱的故事：契诃夫和米齐诺娃》，中国人民大学出版社 2014 年版，第 13 页。

9 童道明译著：《可爱的契诃夫：契诃夫书信赏读》，商务印书馆 2015 年版，第 68 页。这封写于 6 月 12 日的信非常重要，可以看出契诃夫的气愤。结合这封信，会更准确地理解 6 月 20 日契诃夫信中的“冷”而不是“热”。

10 童道明译著：《爱的故事：契诃夫和米齐诺娃》，中国人民大学出版社 2014 年版，第 15 页。

11 童道明译著：《爱的故事：契诃夫和米齐诺娃》，中国人民大学出版社 2014 年版，第 23 页。

12 童道明译著：《爱的故事：契诃夫和米齐诺娃》，中国人民大学出版社 2014 年版，第 25 页。

13 童道明译著：《爱的故事：契诃夫和米齐诺娃》，中国人民大学出版社 2014 年版，第 34 页。

14 童道明译著：《爱的故事：契诃夫和米齐诺娃》，中国人民大学出版社 2014 年版，第 35 页。

15 同注释 14。

16 童道明译著：《爱的故事：契诃夫和米齐诺娃》，中国人民大学出版社 2014 年版，第 38 页。

17 [法] 亨利 · 特罗亚：《契诃夫传》，侯贵信等译，世界知识出版社 1992 年版，第 141 页。

18 [法] 亨利 · 特罗亚：《契诃夫传》，侯贵信等译，世界知识出版社 1992 年版，第 166 页。

19 [法] 亨利·特罗亚：《契诃夫传》，侯贵信等译，世界知识出版社 1992 年版，第 166—167 页。

20 [俄] 格·别尔德尼科夫：《契诃夫传》，陈玉增译，黑龙江人民出版社 1988 年版，第 309 页。

21 [俄] 玛丽雅 · 巴甫洛芙娜 · 契诃娃：《遥远的过去：我的哥哥契诃夫》，史永利译，中央编译出版社 2011 年版，第 146 页。

22 [俄] 格·别尔德尼科夫：《契诃夫传》，陈玉增译，黑龙江人民出版社 1988 年版，第 300 页。

23 [俄] 契诃夫：《契诃夫小说全集·第 7 卷》，汝龙译，上海译文出版社 2000 年版，第 236 页。

24 契诃夫的短篇小说《在秋天》（1883 年）和独幕剧《大路上》（1885 年）都写了被爱人抛弃后穷困潦倒的男子的故事。在一个秋天的深夜，乡村酒馆里挤满了南来北往的客人，一个穷困潦倒的男人想方设法向店主讨一杯酒喝，但遭到了拒绝。最后他掏出一条金制鸡心项链，用它换了酒。金鸡心里有一个漂亮女人的小照片。一个农民认出了这名男子，原来他曾是一位富有的地主，慷慨又和善，然而他因为一个女人而弄得倾家荡产，这个女人却在婚礼上跑去找自己的情人，还为情人生了孩子。人财两空的男人从此一蹶不振，成天借酒消愁。这好像预言了米哈伊尔的命运和遭际。

25 [俄] 格·别尔德尼科夫：《契诃夫传》，陈玉增译，黑龙江人民出版社 1988 年版，第 324 页。

26 [俄] 玛丽雅 · 巴甫洛芙娜 · 契诃娃：《遥远的过去：我的哥哥契诃夫》，史永利译，中央编译出版社 2011 年版，第 151 页。

27 Mikhail Pavlovich Chekhov, *Anton Chekhov: A Brother's Memoir*, Palgrave Macmillan, New York, 2010, p.189.

28 Mikhail Pavlovich Chekhov, *Anton Chekhov: A Brother's Memoir*, Palgrave Macmillan, New York, 2010, p.195.

29 同注释 28。

30 [俄] 契诃夫：《契诃夫小说全集 · 第 9 卷》，汝龙译，上海译文出版社 2000 年版，第 170—171 页。

梅利霍沃海鸥小屋前的玫瑰园，园内栽有各色玫瑰，2020 年

契诃夫在圣彼得堡，1889 年 1 月

第 8 章

不轻易送出的玫瑰

Роза не легко подаренная

契诃夫漂亮、俊朗、温文尔雅又才华横溢，钟情于他的女性很多。据米哈伊尔回忆，契诃夫独自在塔甘罗格生活的时候，大约七八年级就已经和女孩子约会了。[1]

早年最容易接近作家的女性朋友是玛丽雅的同学和女友，她们是契诃夫家的常客。与其说这些女孩子到契诃夫家里是去找玛丽雅，不如说她们是为了契诃夫而去。声名鹊起的年轻作家是个令人愉快、讨人喜欢的青年。他在这群无忧无虑、对生活充满理想的女中学生群体中很快就成了中心人物。玛丽雅回忆说："安东·巴甫洛维奇对她们有巨大的吸引力。他那时已经是个知名作家。他有魅力，平易近人，机智又活泼幽默，他的性格人品惹得我的女友们神魂颠倒。她们中许多人，比如尤诺舍娃、孔达索娃、埃弗罗斯等，多年来一直与他友好地往来。"[2]她们中的好几位对这位哥哥怀着一种超出友谊的感情。契诃夫曾经给尤诺舍娃写过一首诗：

> 如难以戒除的烟瘾，
> 你飘浮在我的梦里。
> 微笑和闪亮的目光，
> 治愈我致命的疾患。[3]

契诃夫远行萨哈林岛时，这群女孩子都前往火车站送行，特别是孔达索娃，甚至提前买了同一趟列车的火车票。后来，她又一起坐船，迟迟不肯下船。她谎称要去一位亲戚家，实际上是为了陪同契诃夫多走一段路。

1883 年，契诃夫一家在距离莫斯科不远的沃斯克列先斯克消夏，正是在那里，契诃夫一家结识了博·伊·玛耶夫斯基上校一家人。玛耶夫斯基是驻军炮兵连的连长，这家人非常友善和可爱，与他们交往的人，除了一些军官以外，都是些知识分子。玛丽雅回忆说："几乎过了二十年，每当我读起安东·巴甫洛维奇的剧本《三姊妹》，还会想起沃斯克列先斯克、炮兵连、炮兵军官，以及玛耶夫斯基家的整个气氛。沃斯克列先斯克的生活在哥哥的记忆中一直留着深刻的印象，这在他以后的戏剧创作中起了很大作用。"[4]

在沃斯克列先斯克，到底有哪些难忘的事情呢？

玛耶夫斯基家有三个孩子：两个女孩，分别叫安尼雅和索尼雅，一个男孩，叫阿辽沙。这三个孩子和契诃夫特别投缘，相处得非常好。玛耶夫斯基家的这三个孩子后来被契诃夫写进了短篇小说《孩子们》。[5]

《三姊妹》中，三姊妹一直想离开偏远的小城，回到莫斯科去，这样一种强烈的感情，契诃夫本人曾有过感同身受的经历。契诃夫在沃斯克列先斯克遇见了一位名叫叶甫格拉弗·彼得罗维奇·叶戈罗夫的炮兵中尉。和其他军官一样，他也是玛耶夫斯基家中的常客，还曾经向玛丽雅求过婚。退伍后，他成了一位地方长官，契诃夫还曾与他一起参加过救济灾民的活动。

此外，契诃夫在很多书信中都提到过卢卡的林特瓦列夫一家，这个家庭给契诃夫留下了非常美好的印象，《三姊妹》中普洛佐罗夫的家庭氛围大概就来自契诃夫记忆中的林特瓦列夫一家。契诃夫租住在林特瓦列夫庄园的厢房里。那个庄园美极了，"那日夜歌唱的夜莺，那远处传来的狗叫声，那荒芜的旧花园，那大门紧闭、住着漂亮女人、富有诗意而又郁闷的庄园"[6]，厢房就坐落在这古老的花园里。契诃夫一家和林特瓦列夫一家很快成了好朋友。他感到在林特瓦列夫一家所体现出的对

在卢卡小屋的门廊上，1889 年

于温暖的天气、民族服饰、语言以及故土的热爱，是一种格外动人和可亲的感情。他说："我想让聪明可亲的林特瓦列夫一家不白白度过一生。林特瓦列夫一家是非常好的素材，这一家人都很聪明和诚实，有学问，会爱人：但这一切都正在白白地消失，白白地牺牲掉，就好像沙漠上空的阳光一样。"[7]契诃夫详细地记录了这家人的情况：

> 我每天乘小船到磨坊去，晚上，跟哈里托年科工厂的一些钓鱼迷到岛上去钓鱼。我们的谈话常常很有趣味。三一节前夕，所有的钓鱼迷都要在岛上过夜，钓整整一夜鱼，我也不例外。其中有些人是很出色的。
>
> 房东一家十分可爱，非常好客，这家共有六口人，颇值得研究。老母亲是个饱经苦难的女人，心地很善良，身子虚胖，常读叔本华的著作，到教堂去听赞美诗；她仔细阅读每期的《欧洲通报》和《北方通报》，她知道的小说家有些我连做梦都没梦见过。她的厢房里以前住过画家玛科夫斯基，现在住着的又是一个年轻的文学工作者，她认为，这是一件很了不起的事情……
>
> 她的大女儿是个医生，是全家的骄傲。农民们称她为圣徒，而她也果然显得不同凡响。她的脑子里长了个肿瘤，致使她双目失明，患有癫痫，经常头疼。她知道前边等待着她的是什么。可是谈到临近的死亡，她却很刚强，而且镇静得惊人。我给人看病，见到过不少快要死的人，看到那些人死期临近，却还在谈话、微笑或者哭泣，我总感到有点儿奇怪。现在，我面前的盲人坐在凉台上，谈笑风生，幽默打趣，或者倾听别人给她念我的《在昏暗中》，这时候，我开始觉得奇怪的，并不是女医生快要死了，倒是我们竟没感到自己也会死，还在写《黄昏》，好像我们永远也不会死似的。

二女儿是个老姑娘，也是医生。她文静，腼腆，无限善良，热爱一切人，就是相貌不美。对她来说，给病人看病倒简直是苦事，总怕看不准，这种心理发展到了变态的程度。我们俩给病人会诊老是意见不合：凡是我认为大有希望的时候，她看到的却是死亡，可是她开的药量轻，我总要加大一倍。不过要是死亡的迹象已经很明显，而且不可避免，那么我这位女医生就心里十分难过，不像个医生了……她做家务事很热心，对所有细小的事情都很在行。连马的习性她都懂。比如，要是有一匹拉边套的马不拉车，或者闹腾起来，她知道怎样制服，事后还要给车夫讲解一番。她很喜欢过一夫一妻的家庭生活，心里也渴望着，但是命运不肯成全她。每逢晚上，大家在高大的正房里奏乐和歌唱，她却在昏暗的林荫道上烦躁地匆匆走来走去，活像被关起来的野兽。我想，她一定从没做过害人的事，可是她，据我看来，过去从来没得到过一分钟的幸福，将来也永远得不到。

第三位小姐还很年轻，毕业于贝斯土热夫女子学院。这姑娘长得像男人，身强力壮，骨骼粗大，像条鳊鱼，肌肉发达，脸色黝黑，嗓门很大……她大笑起来，一俄里之外都能听见。她的确是一位热情的乌克兰姑娘。她自己花钱在自家庄园里盖了一所小学，教乌克兰孩子们学习译成乌克兰语的克雷洛夫寓言……她也干家务，喜欢唱歌，爱哈哈大笑。她虽然读过马克思的《资本论》，却不拒绝最平常的爱情，可惜，她未必嫁得出去，因为她长得不美。

大儿子年轻，安静，聪明，谦虚，然而缺少才华。热爱劳动，并不是那种自命不凡的人，似乎满足于生活给予他的一切。他在大学只上到四年级就被学校开除了，这并不是他言过其实。他沉默寡言，喜好经营农务，热爱土地，跟当地的乌克兰人相处得很好。

二儿子也很年轻，对柴可夫斯基是天才这一点坚信不疑，对他崇拜得五体投地。他弹得一手好钢琴，并幻想过托尔斯泰式的生活。

以上就是这一家人的简况，我现在就生活在他们中间……[8]

林特瓦列夫三姐妹中最小的娜塔丽雅·米哈伊洛芙娜后来不止一次到契诃夫在莫斯科和梅利霍沃的家里做客，还去过雅尔塔的别墅。玛丽雅认为："她对安东·巴甫洛维奇颇有好感，甚至可以说非常爱慕。"[9]正是在卢卡，苏沃林的拜访加深了他和契诃夫之间的信任，也进一步加强了两人的合作。[10]

19 世纪 80 年代，契诃夫一家在巴布金诺度过了三个美好的夏天，租住在基谢廖夫庄园。基谢廖夫是著名外交家帕·德·基谢廖夫伯爵的侄子。他的妻子基谢廖娃是莫斯科皇家剧院院长别基切夫的女儿。她本人是一位儿童文学作家，后来一直保持着与契诃夫在文学创作方面的通信。他们有两个孩子，萨莎和谢廖沙。玛丽雅在回忆录中特别提到了这一家人。她认为基谢廖娃很聪明，而且非常可爱，尽管她的外表有一股骨子里的贵族派头，但实际上是一个很淳朴的女人。

萨莎·基谢廖娃，1880 年

契诃夫的弟弟和妹妹都提到，沃斯克列先斯克和巴布金诺对契诃夫的才能发展起了至关重要的作用。《一个文官的死》（1883 年）、《阿尔比昂的女儿》（1883 年）、《江鳕》（1885 年）、《巫婆》

契诃夫的书桌，上面有他生前使用的夹鼻眼镜和手稿

契诃夫书桌上放着柴可夫斯基的签名照

（1886 年）和《灾祸》（1887 年）等故事都来自这一时期的所见所闻，而有着美丽花园、温暖花房的巴布金诺更是成为契诃夫生命中美好的记忆。米哈伊尔回忆道：

> 那儿不仅风景优美怡人，有很大的英国公园、河流、树木和草原供别墅的住客们欣赏，还有悠扬的钟声从沃斯克列先斯克和新耶路撒冷传来——而且，巴布金诺的居民们本身也都是相当出色的人物。在那儿可以看到所有篇幅较大的文艺刊物：基谢廖夫家的人非常关心文艺界的情况；弗·彼·别基切夫不断回忆往事，当时有名的男高音歌唱家米·彼·符拉季斯拉夫列夫唱着流行的抒情曲，而伊·亚·叶弗列莫娃则每晚都介绍贝多芬和其他音乐家的作品。巴布金诺的有识之士对当时才刚出名的柴可夫斯基也颇感兴趣。玛丽娅·符拉季米罗夫娜·基谢廖娃讲述了一些绝妙的逸事。[11]

契诃夫对柴可夫斯基音乐的喜爱，大概就是从这时候开始的。他没有想到，多年以后，自己与柴可夫斯基成了挚友。在梅利霍沃家中的那架钢琴上，经常有人演奏着柴可夫斯基和其他俄罗斯音乐家的作品。契诃夫最喜欢和朋友们演唱柴可夫斯基的浪漫曲，《又像从前一样孤独》是契诃夫深爱的一首柴可夫斯基创作的歌曲。柴可夫斯基的音乐曾带给契诃夫多少遐想、欢乐和哀愁。他的许多作品是在听着柴可夫斯基音乐的时候写出的。契诃夫把自己的短篇小说集《忧郁的人》（1889 年）献给柴可夫斯基，并题写道："这份献礼，第一，会给我带来很大的愉快；第二，能略略满足我每天想起您的那种深深的尊敬之情。"1889 年 10 月，柴可夫斯基在莫斯科登门拜访了契诃夫，并赠给契诃夫一张签名照，上

柴可夫斯基赠予契诃夫的签名照，1889 年 10 月 14 日

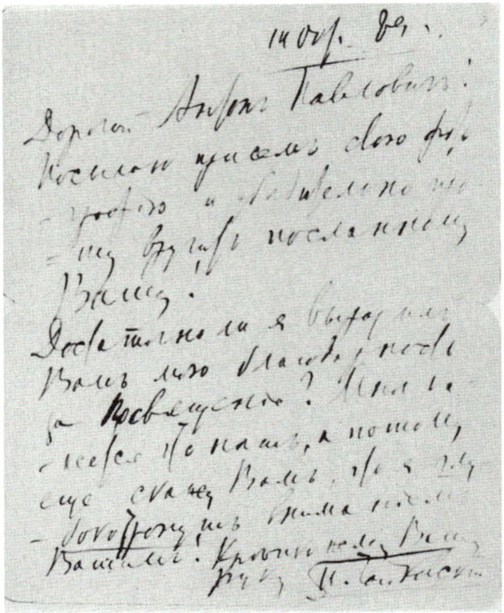

柴可夫斯基的信，1889 年 10 月 14 日

面写着：“致安东·巴甫洛维奇·契诃夫。他的狂热崇拜者。1889 年 10 月 14 日，柴可夫斯基。”两位艺术家惺惺相惜，彼此仰慕和尊敬。1893 年 10 月 27 日，当契诃夫听到柴可夫斯基逝世的消息时，异常沉痛。如今，在契诃夫的书桌上依然摆放着柴可夫斯基的照片。

1886 年，基谢廖娃曾经给契诃夫寄过一篇自己新创作的短篇小说。契诃夫在回给她的信里直截了当地批评了这位女作家：

> ……新手总应当以独创的作品来开路。如果您的第一个短篇小说是“偷来的”，那么人们对您以后写的一切作品都将抱有成见。
>
> 这是一个富于戏剧性的小说，而您却以非常幽默的口气从“开枪自

杀”写起。接下去又是“歇斯底里的笑声”，这种追求印象的写法太陈旧了……动作越是朴素，就越近乎情理、越真挚，因而也就越好……[12]

基谢廖娃给契诃夫写信赞美他的小说《在途中》，他却回信批评对方的小说：“即使您称赞了我的短篇小说《在途中》，您仍不能平息我这位作家的怒气，因此我现在急于要为《泥沼》雪恨。请您留神，紧紧地抓住椅背，以免晕倒。好，我开始了……”[13]然后他就一口气写了几页纸的批评，而这些批评的字眼，并不是每个人都能承受的。比如他写道：“我不知道，是谁正确，是荷马、莎士比亚、洛贝·德·维加，总而言之，是那些不怕刨‘粪堆’但在道德上远比我们坚定的古人对呢，还是那些在纸面上道貌岸然而在生活中和灵魂深处却是冷漠无耻的现代作家对？我不知道，是谁对美的鉴赏能力差，是那些按照爱情的美妙本性的原样加以歌颂而不觉害臊的希腊人呢，还是那些阅读加包里奥、玛尔里特和彼尔·包包的作品的读者？如同勿抗恶、意志自由等问题一样，这个问题只有在将来才能解决。”[14]

在另一封写给基谢廖娃的信中，对文坛有些评论者说作家在作品中表现不雅的东西有伤风化这一观点，契诃夫进行了反批评：

……在他们之前有过一代作家，这些作家不只是把“男盗女娼”视为腐败行为，他们甚至认为描写农民和九等以下文官是肮脏的。再说，不管一个时代有多繁荣，它并不能使我们有权做出有利于这个或那个文学流派的结论。说上述流派会产生腐化影响，这样做同样不解决问题。世界上一切都是相对的，大致差不多的。有这样一些人，这种人甚至读了儿童文学作品也会腐化起来，他们津津有味地阅读旧约诗篇和所罗门箴言中的一些有伤大雅的东西；还有另一些人，他们越是熟悉尘世的污浊，反而变得更加纯洁。[15]

契诃夫是全然谦逊的吗？有的时候也不尽然。他在1889年12月3日写给基谢廖娃的信里面说："当今俄国有两座不可企及的高峰：厄尔布鲁士山顶峰和我。"[16]读到这里我们不由得吓了一大跳，这是契诃夫说的吗？

这是契诃夫的原话，但这是他写给基谢廖娃的。契诃夫在写给基谢廖娃的信中始终流露出他少见的傲气。这位女作家在自己的相册里保留着契诃夫写给她的不少短诗，有幽默的也有严肃的。比如其中有一首这样写道：

迷人的巴布金诺庄园善良的小星星
青春从脚边如快板一般飞逝
鲜美的樱桃只剩下核
无聊的酒席只剩下醉态与芥末

安·契洪特，1886年5月12日作于情绪陷入愚痴的哲思时刻

契诃夫的犀利尤其展现在他对女性作家的态度上，有时候是近乎刻薄的。正因为如此，他激怒过一些女作家，也有过唇枪舌剑。比如沙芙罗娃有一次请契诃夫看看自己新创作的一篇短篇小说《错误》，契诃夫直接回复："女士，您的《错误》确实是一个错误。这篇小说只有某些个别地方是写得好的，而其余的一切则是由沉闷和无趣构成的一个无法

通行的密林……”[17] 他甚至在信的结尾流露出一丝轻蔑的语气：“我们该见见面就好了。您可以唱唱歌，我可以听您唱，我们还可以在一起谈谈文学，谈谈克里米亚……”[18]

契诃夫的回信让人感觉，沙芙罗娃并不具备写作的天赋，她只配在男人面前唱唱歌，陪他们一起谈谈文学，谈谈旅行。这样的回信是任何一个有尊严的女性所无法接受的。1895 年，他在给沙芙罗娃的另一封信中提到了关于“未婚妻”的话题，信是这样写的：“我在写一个短篇

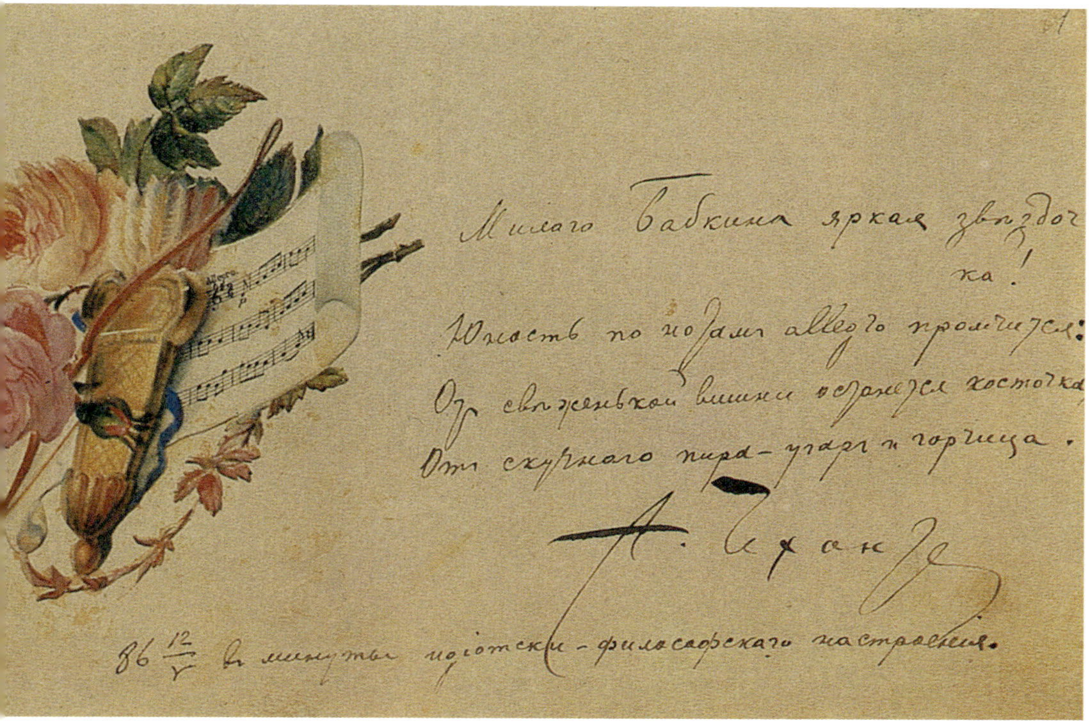
Милаго Бабкина яркая звездочка!
Юность по нотамъ allegro промчится:
От свеженькой вишни осталася косточка
От скучнаго пира — угаръ и горчица.
А. Чехонте
86 12/V въ минуты идіотски-философскаго настроенія.

契诃夫的诗句：“迷人的巴布金诺庄园善良的小星星”

丽季雅·阿维洛娃，1890 年

小说《我的未婚妻》，我曾经有个未婚妻……我的未婚妻叫‘米修斯’，我曾经很爱她。我就在写这个。”[19] 这封信引起很大程度的好奇，那就是契诃夫究竟有没有这样一位名叫“米修斯”的未婚妻。其实契诃夫并没有过这样一位未婚妻。这位名叫米修斯的未婚妻出现在他的小说《带阁楼的房子》中，而这篇小说原来的题目就是《我的未婚妻》。

不过有一次，他对女作家阿维洛娃[20] 的批评，遭到了对方的反击。

阿维洛娃在一封写给契诃夫的信中狠狠指责了他。因为她听说契诃夫在 1892 年 1 月 1 日的纪念晚会上，在酒馆里夸口要把阿维洛娃从她丈夫的手中带走。这其实是一个文坛谣言，但是传到了阿维洛娃那里，让她大为不快！她直接去信责问契诃夫，并谴责他“败坏了自己的名声”，希望他尊重女人，不要借他人的友谊来抬高自己。阿维洛娃甚至还写道：“单单为了这种轻信，就容易溅上一身烂泥。”意思是说，她和契诃夫之间并没有什么，她只是作为同行向契诃夫请教写作上的问题，契诃夫不该出于卖弄，在其他朋友面前炫耀此事，以至于让其他人误会她对他有好感。

在当时的文学圈子里，女性时常会在各种谣言和误会中被毁坏名誉。阿维洛娃很谨慎，也非常珍惜自己的名誉，她受不了这种传言，故而写信去质问契诃夫。契诃夫当然感到莫名其妙，给她回信说：“您的信使我伤心……我和烂泥……我的人格不许我为自己辩护，再说您的指责也太含糊，我无法从中看清楚需要做自我辩护的要点。就我所能理解的来说，您谈到的是一个什么人编造的谣言。”[21]

一向淡定的契诃夫不再淡定了。他希望阿维洛娃能够相信自己从来没有说过那样的话，只是因为文学圈子总是有那么多喜欢私下议论他人的无聊庸人。契诃夫说：“我现在还记得，我们两人，我和他，谈了很久，谈到您和您的妹妹是非常好的人……纪念会上我们两人都略有醉意，但如果我当时果真醉得像鞋匠或者发了疯的话，那我也不至于卑贱到‘这样’和‘烂泥’的程度（您竟举得起手来写出‘烂泥’这个字眼）……”[22] 可以看出，阿维洛娃说出“烂泥”的字眼，是契诃夫所不能忍受的侮辱。

颇有意思的是，阿维洛娃在契诃夫去世之后写了一本回忆录，公开了“她和契诃夫之间的爱情”。阿维洛娃认为自己就是契诃夫一生挚爱的女人，并声称这是一段虽然历时十年却从来无人知晓的爱情故事。[23] 同时代也有人回忆，认为他们之间也许有过一段短暂的恋爱。到底这是不是事实呢？他们之间究竟有没有这段历时十年而无人知晓的爱情呢？这种说法首先遭到了玛丽雅的否认。我们反复品读两人之间的通信之后，就会发现这其实是

《伊凡诺夫》的演出海报，莫斯科的科尔什剧院，1887 年 11 月 19 日

阿维洛娃一厢情愿的臆想。契诃夫在信中一直保持着和阿维洛娃礼貌的距离，并维护着她的尊严和体面。

两人于1889年在出版人胡捷科夫的寓所认识，当时正值契诃夫的戏剧《伊凡诺夫》首演。其实那一次见面根本没有发生什么有意味的谈话，但阿维洛娃把契诃夫当时的沉默理解为意味深长的一次初见。三年之后，契诃夫和阿维洛娃又在《圣彼得堡日报》发刊25周年的纪念会上偶然地被安排坐在一起。这次见面之后，他们断断续续地通信，一直持续到契诃夫逝世。

契诃夫去世之后，阿维洛娃要求玛丽雅退还了自己写给契诃夫的所有信件。然而事实上，契诃夫写给她的信早已公之于众，这些信让我们感受到朋友式的尊重、友谊和问候，主要都是关于小说写作技巧方面的忠告和建议。我们从这些信件中能够明显地察觉到契诃夫式的谨慎和机智。他始终避免涉及感情问题，但又不失自然和亲切，并努力地把两人的关系维持在一种恰如其分的分寸中。他有时候批评阿维洛娃写作中的问题，让对方感到委屈甚至生气，但是他的语气和姿态始终表现出老师和兄长一样的宽厚。

1895年2月，阿维洛娃想寻找一次和契诃夫单独相处的机会，于是郑重约请他到家中做客。有趣的是，一位不速之客搅乱了阿维洛娃精心安排的晚餐。或许契诃夫私下说过恭维的话，或许他也有逢场作戏的时候，但阿维洛娃显然是把一个男人的礼貌和无意中的戏语当成了誓言。就在这次会面后不久，阿维洛娃定制了一个图书形状的小表坠，一面刻着“安东·契诃夫中篇小说集”，另一面刻着“第267页，6—7行”。契诃夫按图索骥，找到了自己小说集中的这句话：

如果你需要我的生命，就来把它拿去好了。

阿维洛娃的这个举动令契诃夫印象深刻，以至于他把这个传情方式吸收进了《海鸥》。《海鸥》首演的当天，契诃夫邀请阿维洛娃看演出，并提醒她注意剧中的台词。果然，当阿维洛娃听到“第 121 页，11—12 行”这句话的时候，她怦然心动。这句台词难道是在回应自己刻在表坠上的那句话吗？她焦急地等待着结果。演出一结束，她就匆匆回家，迫不及待地翻到小说集的第 121 页。然而出乎意料的是，她找到的是这样一句话：

年轻的姑娘不该参加化装舞会。[24]

阿维洛娃马上明白契诃夫指的是1896年圣彼得堡的一次化装舞会。尽管她戴着假面，但是契诃夫依然认出了她。在《海鸥》首演后，很多报纸都对《海鸥》进行了尖刻的批评，阿维洛娃则在《圣彼得堡新闻》上发表了一篇赞扬的短文。[25] 或许正是由于阿维洛娃的这一举动，赢得了契诃夫一如既往的感激、信任和尊重。

当然，阿维洛娃也说过一些令契诃夫感到不快的话，比如说他“像蜜蜂一样随心所欲地采蜜，然而始终冷漠寡情，无动于衷”。这显然是指契诃夫对自己的冷淡。对此契诃夫并不反击，而是用幽默机智柔和地揶揄了阿维洛娃的多情：“您对蜜蜂的评价是不正确的，它是先看见了鲜艳美丽的花朵，然后再采蜜的。”[26]

阿维洛娃的回忆录中提到契诃夫在离世前不久写给她的最后一封信。她把这封信看了几百遍。这封写于 1904 年情人节的信中有一段意味深长的话：

……要高高兴兴过日子，不要太费脑子去探究生活，大概这生活实际上要简单得多。这是我们并不了解的生活，值得大家去对它苦苦思索吗？为了这种痛苦的思索，折磨了我们多少俄罗斯人的脑袋瓜——还真是个问题。

紧握您的手，为了您的来信，向您致以诚挚的谢意。祝您健康和安好。

忠实于您的安·契诃夫[27]

1897年3月21日，契诃夫和苏沃林在艾尔米塔什饭店用餐，突然出现了肺部大出血。他被送往奥斯特罗乌莫夫医院，并确诊了肺结核。契诃夫住院期间，许多人都去探望，其中包括托尔斯泰。托尔斯泰还在契诃夫的病房里和他谈论了永生和道德沦丧，艺术的庸俗、衰落和终结等许多问题。虽然契诃夫感到不解甚至怀疑，但身体孱弱的他已经没有任何争辩的力气。[28]契诃夫隐隐约约感到托尔斯泰走入了一个无法自拔的死胡同，而事实上，这个困境一直折磨着托尔斯泰本人。

前来探望的朋友中自然还有阿维洛娃。在玛丽雅的回忆录中，特别提到了阿维洛娃前来探望的特殊之处。很多人都给契诃夫送来了鲜花，但是医生不允许在契诃夫的病房里放花。尽管如此，病房床头依然摆放了一束花，那是阿维洛娃送来的玫瑰和铃兰。阿维洛娃回忆了当时的情景：

他双手接过花束，把脸藏在花束中间。

“都是我喜欢的花，”他喃喃地说，“玫瑰和铃兰……”

护士说：“你可不能这样，安东·巴甫洛维奇，无论如何不能：医生不允许。”

“我自己就是医生，”契诃夫说，“可以！劳驾，请把它放在水里。”[29]

阿维洛娃曾经两次到医院去探望。契诃夫在 1897 年 3 月 28 日写给阿维洛娃的信中说："您送的鲜花并未凋零，反而更加娇艳了。同行们同意我把这些鲜花供养在床头。您的心肠真好，太好了，我真不知道，该怎样感激您才好。"[30] 从这封信的内容和语气，我们能感受到契诃夫对阿维洛娃真挚的礼貌和感激。

阿维洛娃在其漫长的一生中始终一厢情愿地爱着契诃夫。虽然这份感情没有得到回应，但她自始至终没有做出任何伤害契诃夫的事情。从两人的通信来看，契诃夫认为她是一位善良的女士，是一位值得尊重的朋友和同行。

1896 年，圣彼得堡亚历山大剧院公演《海鸥》。虽然演出的失败带给契诃夫很大伤痛，但是扮演妮娜的女演员科米萨尔热夫斯卡娅给他留下了至深的印象。契诃夫写信给丹钦科，称她是俄罗斯"最出色的女演员"[31]。她的一生演出了无数次《海鸥》，两人一直保持着通信往来。1900 年 7、8 月，契诃夫遇到了三件大事：列维坦去世[32]，克尼佩尔前来雅尔塔与他相见，科米萨尔热夫斯卡娅也突然造访雅尔塔。那一刻的契诃夫就好像同时面对悲剧、喜剧和正剧。列维坦在 1900 年年初还到访过雅尔塔，他在契诃夫书房的壁炉上画下了那幅著名的《暮色中的干草垛》。[33] 而那时的科米萨尔热夫斯卡娅正值职业生涯的巅峰，她也恰好在俄罗斯南部巡回演出。她写信给契诃夫希望见面。匆匆会面之后，契诃夫赠给她一张照片，然后不辞而别。照片上写着这样一句话："致薇拉·科米萨尔热夫斯卡娅，8 月 3 日，狂风骤雨、海浪滔天的一天。喜欢安静的安东·契诃夫赠。"[34] 契诃夫匆匆结束和这位"海鸥"的会面，是为了马上回到他钟情的克尼佩尔身边。

1889 年夏天，二哥尼古拉病故之后，心力交瘁的契诃夫到了敖德萨。

列维坦赠予契诃夫的签名照，1880 年

契诃夫雅尔塔白色别墅书房中的壁炉

1896 年圣彼得堡亚历山大剧院公演《海鸥》时的剧照，此为女演员科米萨尔热夫斯卡娅所扮演的妮娜

他在那里认识了年轻女演员格拉菲拉·维克名罗芙娜·帕诺娃，她不久前才从芭蕾舞团转到剧院。帕诺娃扮演了不少莫里哀喜剧的主角。演员连斯基的妻子一度想为他们做媒，但遭到了契诃夫的婉拒。

画家霍佳英采娃

女画家霍佳英采娃在 19 世纪 90 年代也常到契诃夫在梅利霍沃的家中去，有时还在那里小住。玛丽雅回忆说，契诃夫到尼斯去过冬，霍佳英采娃也很快去了尼斯，他们在尼斯又相遇了。霍佳英采娃画了许多关于契诃夫的漫画。契诃夫在信里向玛丽雅描述了霍佳英采娃在尼斯的情况："昨天我领亚·亚·霍佳英采娃到蒙特卡洛去了一趟，让她看了轮盘赌，可是她跟别的女人一样，缺乏男人那种跃跃欲试的好奇心，而且轮盘赌并没有给她留下任何印象。她还是穿着在梅利霍沃时的那身衣服。在当地那群俄国人当中，她最有教养，甚至是独一无二的。"玛丽雅还提到她在霍佳英采娃与女画家伊丽莎白·尼古拉耶芙娜·兹凡采娃合办的美术工作室学画画。这个工作室聘请了当时著名的画家谢罗夫和科罗文任绘画教师，雕刻家安娜·谢苗诺芙娜·戈鲁勃金娜教授担任雕刻教师，深受年轻画家的欢迎。

契诃夫的相册里有一张照片，他戏称这张照片是"圣安东尼的诱惑"。[35]"圣安东尼的诱惑"是欧洲文学艺术史上一个长盛不衰的主题，许多画家都画过同名油画，福楼拜还创作过同名小说。无论是绘画还是

契诃夫赠予霍佳英采娃的签名照

1898 年，霍佳英采娃送给契诃夫的一幅墨水画《抵达梅
沃》，上面画着梅利霍沃的菜园、玫瑰花和可爱的小狗
附上了一封给契诃夫的信

契诃夫与亚沃尔斯卡娅和库帕尔尼克，莫斯科，1893 年。契诃夫戏称这张照片是“圣安东尼的诱惑”

小说，刻画的都是中世纪埃及基督教隐修院创始人圣徒安东尼抵制住了魔鬼的种种诱惑。照片上的契诃夫面无表情地目视前方，似乎并没有理会旁边两个倾身凝视他的女郎，大有坐怀不乱的气度。那么，这两位女郎是谁呢？

1893年10月，契诃夫在写作《萨哈林旅行记》的这段时间，曾在莫斯科逗留了两周，下榻于莫斯科大饭店。契诃夫在莫斯科的消息不胫而走，很多朋友都来拜访，这群人里有杂志社的记者和编辑，也有文学家和艺术家。他频繁受邀参加一些盛大的宴会和社交活动。契诃夫在社交活动中大受欢迎，身边围绕着许多仰慕他的女性，以至于大家给他起了个绰号“阿维兰”。阿维兰将军是当时的俄国海军大臣，他在俄法关系蜜月期大出风头，曾率领俄国舰队访问法国，所到之处受到热情的款待。由于每天都有络绎不绝的人给契诃夫接风洗尘，他的身边总是围绕着一群人，于是大家戏称他身边有一支“阿维兰分舰队”。[36]

俄罗斯社交界有些“新女性”，她们崇尚文艺，大多从事艺术和写作，热衷于参加社交活动，追求与男性平等对话，希望在社交活动中得到应有的尊重。“圣安东尼的诱惑”那张照片上的两位女性是当时俄罗斯社交界的知名人士库帕尔尼克与亚沃尔斯卡娅。库帕尔尼克是著名演员米哈伊尔·谢苗诺维奇·谢普金的曾孙女，她本人也是一位诗人、作家和翻译家。据说她天赋异禀，十二岁就显示出过人的写作天赋，并且醉心于戏剧艺术。出身戏剧世家的她不到二十岁就编写了剧本，并有过登台表演的经历。亚沃尔斯卡娅是科尔什剧院的台柱，她金发蓝眼，有着一双美人鱼般勾人魂魄的眼睛。契诃夫在《林妖》和《万尼亚舅舅》中都提到了“美人鱼一样的女人”，或许就是他在莫斯科社交界见到的这些女性的写照。

据库帕尔尼克回忆，亚沃尔斯卡娅与契诃夫的关系非同一般。特罗亚的《契诃夫传》提到契诃夫每次到莫斯科都要同亚沃尔斯卡娅会面。他写道："这位演员装模作样的一举一动却把他吸引住了。很快，他们两人之间的关系就成了莫斯科文艺界的谈话资料。"[37] 别尔德尼科夫在《契诃夫传》中还提到亚沃尔斯卡娅大肆宣扬自己同契诃夫的关系，让契诃夫爱上她的消息在莫斯科和圣彼得堡不胫而走。

据米齐诺娃回忆，亚沃尔斯卡娅的确醉心于契诃夫，而且表示过非他不嫁。她还委托米齐诺娃前去试探契诃夫。米齐诺娃则借此事来试探契诃夫对自己是否真心，结果被聪明的契诃夫看出了心思。契诃夫没有上当，故意给米齐诺娃回了一封只有五行字的信，说自己愿意让米齐诺娃去提亲，还给她起了一个绰号"亲爱的媒婆"。契诃夫此举让米齐诺娃再一次大感没趣。而这个生活插曲，让我们想到了《万尼亚舅舅》中叶列娜替索尼雅去试探阿斯特罗夫医生的那个有趣的情节。

实际上，我们所了解的契诃夫在爱情和婚姻问题上是极为慎重的。他和亚沃尔斯卡娅的交往只限于友谊，这可以从他给友人的信件中看出。他说："在她的动脉里流的是演员的血液，而在静脉里流的则是警察的血液……如果她不是大喊大叫，不是有些装腔作势（也就是矫揉造作），那她满可以是一位真正的演员。"[38] 契诃夫了解这些社交圈女性的虚荣。为了不引起误会，他甚至拒绝为亚沃尔斯卡娅的演出赠送花篮。

库帕尔尼克曾经到访梅利霍沃，称梅利霍沃是一块"绿洲"。[39] 她格外赞叹契诃夫的花园："当你离开运货马车轰隆作响，行人拥挤不堪的闷人的莫斯科，从窒息的车厢来到洛帕斯尼这个小站，一下子吸进一口清新的空气，它特别清新、芳香，带有田野、青草和松树的气息，甚至在冬天也是芳香的，仿佛在雪底下藏着一种芬芳馥郁的东西，然后坐上四轮马车和雪橇，在田野中驶过，欣赏着那充满幸福的宁静，那片只有俄罗斯大自然才有的忧伤、沉思而又亲切的旷野——仅仅这样一种感受，对于在莫斯科被纷忙杂沓的生活折磨得疲惫不堪的神经，已经是愉快和欣慰了。”她形容契诃夫梦寐以求的就是在花园里种树栽花，透过书房那明亮得如同契诃夫的目光一样的窗户，可以看到他心爱的苹果树和樱桃树。库帕尔尼克说：“他常常带着自豪感指点给我看那春天盛开的每一丛新的玫瑰，每一棵郁金香，并且告诉我，对他来说，再没有比看着‘郁金香从地里冒出来，渐渐长大’，然后花朵盛开更使他高兴的了。除了园艺家以外，我很少遇到过像安东·巴甫洛维奇那样爱花和了解花的男人。”[40]

然而，对于谨慎的契诃夫而言，他是绝对不会轻易送出他的玫瑰的。

《暮色中的干草垛》，列维坦

1 Mikhail Pavlovich Chekhov, *Anton Chekhov: A Brother's Memoir*, Palgrave Macmillan, New York, 2010, p.35.

2 [俄] 玛丽雅 · 巴甫洛芙娜 · 契诃娃：《遥远的过去：我的哥哥契诃夫》，史永利译，中央编译出版社 2011 年版，第 19 页。

3 Mikhail Pavlovich Chekhov, *Anton Chekhov: A Brother's Memoir* , Palgrave Macmillan, New York, 2010, p.46.

4 [俄] 玛丽雅 · 巴甫洛芙娜 · 契诃娃：《遥远的过去：我的哥哥契诃夫》，史永利译，中央编译出版社 2011 年版，第 22 页。

5 [俄] 玛丽雅 · 巴甫洛芙娜 · 契诃娃：《遥远的过去：我的哥哥契诃夫》，史永利译，中央编译出版社 2011 年版，第 23 页。

6 [俄] 玛丽雅 · 巴甫洛芙娜 · 契诃娃：《遥远的过去：我的哥哥契诃夫》，史永利译，中央编译出版社 2011 年版，第 62 页。

7 [俄] 安 · 屠尔科夫：《安 · 巴 · 契诃夫和他的时代》，朱逸森译，中国社会科学出版社 1984 年版，第 404 页。

8 [俄] 玛丽雅 · 巴甫洛芙娜 · 契诃娃：《遥远的过去：我的哥哥契诃夫》，史永利译，中央编译出版社 2011 年版，第 63 页。

9 [俄] 玛丽雅 · 巴甫洛芙娜 · 契诃娃：《遥远的过去：我的哥哥契诃夫》，史永利译，中央编译出版社 2011 年版，第 64 页。

10 Mikhail Pavlovich Chekhov, *Anton Chekhov: A Brother's Memoir*, Palgrave Macmillan, New York, 2010, p.126.

11 [俄] 谢 · 尼 · 戈鲁勃夫等编：《同时代人回忆契诃夫》，倪亮等译，广西师范大学出版社 2016 年版，第 58 页。

12 [俄] 契诃夫：《契诃夫书信集》，朱逸森译，上海译文出版社 2018 年版，第 15 页。

13 [俄] 契诃夫：《契诃夫书信集》，朱逸森译，上海译文出版社 2018 年版，第 17 页。

14 [俄] 契诃夫：《契诃夫书信集》，朱逸森译，上海译文出版社 2018 年版，第 18 页。

15 [俄] 契诃夫：《契诃夫书信集》，朱逸森译，上海译文出版社 2018 年版，第 18—19 页。

16 [俄] 契诃夫：《契诃夫书信集》，朱逸森译，上海译文出版社 2018 年版，第 123 页。

17 [俄] 契诃夫：《契诃夫书信集》，朱逸森译，上海译文出版社 2018 年版，第 154 页。

18 [俄] 契诃夫：《契诃夫书信集》，朱逸森译，上海译文出版社 2018 年版，第 155 页。

19 童道明译著：《可爱的契诃夫：契诃夫书信赏读》，商务印书馆 2015 年版，第 351 页。

20 丽季雅 · 阿历克谢耶夫娜 · 阿维洛娃（1864—1943）是在 1890—1900 年间颇有名气的女作家，她的短篇小说《第一次灾难》受到过托尔斯泰的称赏。1889 年，阿维洛娃和契诃夫在其姐夫家中相遇，阿维洛娃的姐夫胡捷科夫是《圣彼得堡日报》的出版人，因此她在文学和出版界拥有广泛的人脉。

21 [俄] 契诃夫：《契诃夫书信集》，朱逸森译，上海译文出版社 2018 年版，第 183 页。

22 [俄] 契诃夫：《契诃夫书信集》，朱逸森译，上海译文出版社 2018 年版，第 184 页。

23 [俄] 格·别尔德尼科夫：《契诃夫传》，陈玉增译，黑龙江人民出版社 1988 年版，第 335 页。

24 同注释 23。

25 [法] 亨利 · 特罗亚：《契诃夫传》，侯贵信等译，世界知识出版社 1992 年版，第 199 页。

26 [俄] 格·别尔德尼科夫：《契诃夫传》，陈玉增译，黑龙江人民出版社 1988 年版，第 357 页。

27 [俄] 格·别尔德尼科夫：《契诃夫传》，陈玉增译，黑龙江人民出版社 1988 年版，第 317 页。

28 Anton P. Chekhov, *Notebook of Anton Chekhov*, Ecco Press, New York, 1987, p.9.

29 [俄] 谢 · 尼 · 戈鲁勃夫等编：《同时代人回忆契诃夫》，倪亮等译，广西师范大学出版社 2016 年版，第 244 页。

30 [俄] 格·别尔德尼科夫：《契诃夫传》，陈玉增译，黑龙江人民出版社 1988 年版，第 346 页。

31 [俄] 契诃夫：《契诃夫书信集》，朱逸森译，上海译文出版社 2018 年版，第 230 页。

32 1900 年 5 月，契诃夫去莫斯科看望了病重的列维坦，这是他们最后一次见面。

33 [俄] 契诃夫：《契诃夫书信集》，朱逸森译，上海译文出版社 2018 年版，第 279 页。

34 [法] 亨利 · 特罗亚：《契诃夫传》，侯贵信等译，世界知识出版社 1992 年版，第 260 页。

35 [俄] 谢 · 尼 · 戈鲁勃夫等编：《同时代人回忆契诃夫》，倪亮等译，广西师范大学出版社 2016 年版，第 332 页。

36 [俄] 格·别尔德尼科夫：《契诃夫传》，陈玉增译，黑龙江人民出版社 1988 年版，第 294 页。

37 [法] 亨利 · 特罗亚：《契诃夫传》，侯贵信等译，世界知识出版社 1992 年版，第 167 页。

38 [俄] 格·别尔德尼科夫：《契诃夫传》，陈玉增译，黑龙江人民出版社 1988 年版，第 296 页。

39 [俄] 谢 · 尼 · 戈鲁勃夫等编：《同时代人回忆契诃夫》，倪亮等译，广西师范大学出版社 2016 年版，第 333 页。

40 Peter Sekirin, *Memories of Chekhov: Accounts of the Writer from His Family, Friends and Contemporaries,* McFarland, Jefferson, N.C., 2011. p.66.

契诃夫与《俄罗斯思想》杂志的编辑委员会成员，1893 年

在白色别墅花园中和
小狗散步的契诃夫，
雅尔塔，1904 年

第 9 章

雅尔塔的玫瑰别墅

Розовая дача в Ялте

1898年10月，契诃夫的父亲去世。

父亲的离世令契诃夫感到非常痛心，他当时正在雅尔塔。父亲在晚年变得异常温和，他依然笃信宗教，积极参加宗教仪式，每逢节日都要去教堂，并且坚持写日记。父亲去世之后，梅利霍沃好像变得忧伤起来，生活也失去了往常的节奏和韵味。玛丽雅在回忆录中说，哥哥曾从雅尔塔给他的一个熟人写信，提到由于父亲去世，“主要的齿轮从梅利霍沃的机器上脱落了”[1]。

此后，契诃夫大病一场。医生建议他一定要去温暖的克里米亚过冬。如果契诃夫去南部生活，这就意味着要和家人分开。母亲的年事已高，把母亲一人留在梅利霍沃庄园并不合适，加之契诃夫当时尚未成家，无论是健康还是写作都需要有人照顾。契诃夫斟酌再三，做出了一个决定：卖掉梅利霍沃的庄园，移居温暖湿润的雅尔塔。

可爱的梅利霍沃是难以割舍的，这是契诃夫第一个真正意义上的家，他已深深爱上了这块土地。这里有家庭生活的无限乐趣和新生活的充实，这里有父亲修整过的小路，有全家人齐心协力建设的家园，有写出《海鸥》的小木屋，特别是那些亲手栽下的树木和花卉，以及他心爱的玫瑰。母亲犹豫不决，妹妹举棋不定，友人大惑不解，大家无法接受如此美好的一切就这样突然远去了。

出售梅利霍沃庄园的信息登上了广告，不停有买主来看房子。据玛丽雅回忆，有些人只对树林感兴趣，为的是把树木砍掉卖钱。最终有一位做木材生意的买主买下了梅利霍沃。玛丽雅伤心地把此事告诉了哥哥，不无担心地说：“这下子林荫路两边的菩提树可要被砍光伐尽了！”[2]或许梅利霍沃那些被砍伐的菩提树，最终在契诃夫的灵感中成了《樱桃园》中那个被留恋的樱桃园。

契诃夫告别梅利霍沃的时候自然没有想到，梅利霍沃和契诃夫这个名字再也无法分开。终有一天，梅利霍沃会因他而重获新生。在战争中毁坏的主屋重新被修葺一新，成千上万热爱戏剧的人每年相聚在此，参加“梅利霍沃之春”国际戏剧节，缅怀他们热爱的作家。契诃夫亲手建造的这个家园，这个莫斯科乡间一处原本默默无闻的地方，成了一个戏剧艺术的朝圣地，因为契诃夫而永远为世人所珍爱。梅利霍沃成为雅尔塔契诃夫纪念馆之外最重要的一处纪念契诃夫的地方。

梅利霍沃庄园的主屋

梅利霍沃庄园主屋的门廊

梅利霍沃庄园的侧屋

梅利霍沃庄园的树木和庭院

在戏剧节上，庄园的门廊可以作为临时舞台

契诃夫与友人在雅尔塔，1898—1899 年

契诃夫在雅尔塔的家中，1904 年

契诃夫能够感到母亲和妹妹的不舍，他特地写信安慰她们：

你告诉妈妈，不管狗和茶炊怎么闹腾，夏天过后还会有冬天，青春过后还会有衰老，幸福后面跟着不幸，或者是相反。人不可能一辈子都健康和欢乐，总有什么不幸的事在等着他，他不可能逃避死亡，尽管曾经有过马其顿王朝的亚历山大大帝——应该对一切都有所准备，把一切发生的都看成是不可避免的，不管这是多么令人伤心。需要做的是，根据自己的力量，完成自己的使命——其他的不用去操心。[3]

契诃夫在雅尔塔买了一块地。这块地在城外的高坡上，可以看见大海。然后他把玛丽雅接到雅尔塔，带她去看新买的土地。据玛丽雅回忆，那是位于雅尔塔郊外阿乌特卡村一块面积大约为三十七公亩的土地。玛丽雅完全没有当年第一眼看到梅利霍沃时的兴奋，她甚至感到有些沮丧，因为那块地并没有想象得那么好。和梅利霍沃柳浪闻莺的环境相比，这块土地附近没有任何建筑和树木，只有一座荒芜颓败的葡萄园，附近还有鞑靼人的一片墓地。所有这一切都让玛丽雅感到没有归属感。她临行前表示，母亲下不了决心离开她心爱的梅利霍沃。从那天起，契诃夫接二连三地给她们写信，对购买的土地和未来的规划大书特书，以期说服她们移居雅尔塔。他还不厌其烦地向玛丽雅介绍他将在这远离闹市、阳光充足的天堂修建新的果园、菜园和庭院。

与此同时，契诃夫做了一个令玛丽雅感到震惊的决定，他花费 2000 卢布买下了库丘科伊庄园。他写信告诉妹妹："我已经拥有克里米亚最漂亮、最引人注目的房产之一了。"[4] 这件事让玛丽雅感到非常紧张，因为她知道当时的契诃夫连修建一座房子所需的经费都没有，哪

VILLA

远望雅尔塔海边，2020 年

契诃夫与高尔基在雅尔塔，1900 年 5 月 5 日

里有钱去买一个现成的庄园呢？她所不知道的是，契诃夫已经做出了一个决定，他计划卖掉自己全部作品的版权，这样就可以一次性得到大约 10 万卢布。他和出版商马科斯进行了谈判。合同于 1899 年 1 月 26 日签署，最后契诃夫以 7.5 万卢布的价格将全部作品的版权卖给了对方。不过演出剧本的收入归他本人和遗产继承人，“将来出版的作品每印张稿酬是 250 卢布；每隔五年每印张的稿酬增加 200 卢布”[5]。契诃夫拿着马科斯预支的版权费买下了土地和庄园。然而，包括高尔基在内的许多朋友都觉得契诃夫以区区 7.5 万卢布卖掉全部作品版权是被欺骗了，但契诃夫没有后悔自己的选择。他之所以做出这个决定，恐怕是他预感到自己的时间不多了。他要尽快安顿好身后的事情。

接着契诃夫就着手雅尔塔别墅的设计和建造，为此他专门请了一位名叫沙波瓦洛夫的设计师来设计他的新房子，最后的设计方案也融入了他本人的想法和趣味。建造别墅的同时，他还规划了庭院和花园。米哈伊尔回忆说：“白色别墅是安东创造力的证明。他在工地上和建筑工人们一起，他像外科医生一样精确地种植树木，像崇拜的父亲一样跟随着每一棵新芽的生长。”[6]

契诃夫与设计师在雅尔塔别墅的阳台上，1899 年

契诃夫一生热爱大自然，对花园充满了奇特的感情。他曾说："如果我现在放弃文学，做一位园丁，那将是一件非常好的事，那会让我多活十来年。"[7] 1898—1899 年，契诃夫在雅尔塔别墅栽种了第一批树，有柏树、杨树、雪松、柳树、木兰、丁香、棕榈、桑树和山楂树等。[8] 他把全部精力都放在花园的设计和培植上，他想把自己的花园和后院变成鲜花盛开的天堂，就像在梅利霍沃时一样。他亲自设计了花园的小径和草坪，他向附近的园艺商店订购了种子和园艺设备。两个土耳其人负责平整土地，契诃夫则不知疲倦地往坑里栽树苗、灌木和玫瑰。[9] 契诃夫曾对造访雅尔塔的库普林说："这里曾是一个荒野，长满了野草和野蓟。我驯服了这片荒野，把它变成了一个美丽的花园。"[10] 库普林回忆道："这里种着梨树、野苹果砧木、杏树、桃树、扁桃树。近一两年来果树开始结些果子了，这使安东·巴甫洛维奇大为忙碌，也给他带来十分动

契诃夫的书房

人的孩子般的欢乐。”[11]契诃夫对库普林所说的话，让我们想起他的信念：“几百年后，整个地球将变成一个美丽的花园。”[12]这种美好生活在遥远未来的想法，出现在契诃夫的好几部作品中，这是他最强烈的梦想之一。也许当他一边采摘沾着晨露的玫瑰时，一边在畅想人类的未来。

契诃夫在雅尔塔，1898 年

为了给一棵树苗寻找合适的地方，他常常在花园里勘查许久，“这儿不行”，种得太密会影响光照和养分，“那儿也不行”，等它长大了会遮蔽底下的灌木和花草，“换个地方也不合适”，这棵树和那些植物不般配——到底该把它种在哪儿呢？他抱着树苗，就好像心中揣着一段精彩绝伦的文字，就是找不到放在小说的哪个部分。于是不得不为了这段文字，另外写一篇小说。契诃夫也可以为他的树木和玫瑰重新调整花园的结构，另外开辟种植的空间。

1899 年 3 月，雅尔塔俨然已是夏天了。

告别了梅利霍沃的契诃夫，特地在 3 月 14 日写信给妹妹，说自己在雅尔塔别墅的庭院里栽种了十二棵樱桃树，四棵金字塔形的桑树，两棵杏树和一些小灌木。“老的树已经枝繁叶茂，梨树开了花，杏树也开

契诃夫在雅尔塔，1899 年

契诃夫在雅尔塔的书房里，1900 年

着玫瑰色的花。”[13]这些树的品种都很好，按他的预想第二年就可以结出果实。很多候鸟回来了，栖息在别墅的花园里，一到早上就把沉睡中的契诃夫给唤醒了。在这样的环境里，契诃夫特别思念远方的母亲和妹妹。每当思念家人的时候他就去花园给他的植物浇水，每当要吃药的时候他也会想到给他的玫瑰浇水。旅行中的契诃夫，依然挂念着自己的花园，回来的第一件事就是扔下行李，去看他朝思暮想的小花园。

玛丽雅在《遥远的过去》一书中提到：契诃夫一生最爱是玫瑰。他曾经在雅尔塔的花园里栽种了一百多株玫瑰，别墅四周也种上了各类花草树木。契诃夫把花园里栽种的植物的名称，用俄文和拉丁文记在一个特别的小本子里。在雅尔塔的花园里，不少玫瑰和花卉的品种都是从梅利霍沃的花园里移植过来的。第二次世界大战中德军占领克里米亚后，曾经驻扎在契诃夫留下的雅尔塔别墅。玛丽雅住在三楼，一楼和二楼住着德军。就是在这样的时刻，玛丽雅依然倾尽全部的智慧和心力，保护着这座房子和契诃夫所有的遗物。这座别墅没有在战争中遭到破坏，这不能不说是个奇迹。如今的雅尔塔别墅草木兴旺，契诃夫留给了世人他的另一个作品——一座他亲手建造的花园。

建筑工程持续了十个月。这座三层楼房共有九个房间，被称为白色别墅。1899 年 8 月 29 日，契诃夫搬入雅尔塔的新家。9 月，母亲和妹妹也一起住进了新家，随行的还有梅利霍沃的老厨娘玛琉什卡。[14] 1900 年，契诃夫继续打理他的花园。他在干燥多石的土壤里种了白桦和白杨，以及柏树、棕树和桉树。他的树也成了小说中的角色。那些出现在《草原》中的白杨树，是孤独和忧伤的象征，在古风诗意的背景中，唤起人们对往昔最浪漫的回忆；出现在《罗特希尔德的小提琴》中的小白桦，犹如一位含情脉脉的少女。

他还在花园小路的两旁栽上了七十多株玫瑰，这些玫瑰后来基本都成活了，契诃夫特意与他心爱的玫瑰合了影。梅利霍沃原来的那只短腿猎犬死了，他又在雅尔塔养了两只小狗。当他散步的时候，花园里的树木发出轻微的飒飒声，两只小狗跟在他身后。契诃夫还特意养了两只灰白仙鹤。每当他修剪玫瑰枝条的时候，两只仙鹤都会伴随左右。

1 [俄]玛丽雅·巴甫洛芙娜·契诃娃：《遥远的过去：我的哥哥契诃夫》，史永利译，中央编译出版社 2011 年版，第 197 页。

2 [俄]玛丽雅·巴甫洛芙娜·契诃娃：《遥远的过去：我的哥哥契诃夫》，史永利译，中央编译出版社 2011 年版，第 208 页。

3 童道明译著：《可爱的契诃夫：契诃夫书信赏读》，商务印书馆 2015 年版，第 167—168 页。

4 [法]亨利·特罗亚：《契诃夫传》，侯贵信等译，世界知识出版社 1992 年版，第 225 页。

5 [俄]契诃夫：《契诃夫书信集》，朱逸森译，上海译文出版社 2018 年版，第 256 页。

6 Mikhail Pavlovich Chekhov, *Anton Chekhov: A Brother's Memoir*, Palgrave Macmillan, New York, 2010, p.213.

7 Jean Benedetti, trans.and ed., *Dear Writer, Dear Actress: The Love Letters of Anton Chekhov and Olga Knipper*, Methuen, London, 1996, p.189.

8 刘文飞：《追寻契诃夫的足迹》，载《长江文艺》2018 年第 5 期。

9 [法]亨利·特罗亚：《契诃夫传》，侯贵信等译，世界知识出版社 1992 年版，第 235 页。

10 Peter Sekirin, *Memories of Chekhov: Accounts of the Writer from His Family, Friends and Contemporaries*, McFarland, Jefferson, N.C., 2011, p.155.

11 [俄]谢·尼·戈鲁勃夫等编：《同时代人回忆契诃夫》，倪亮等译，广西师范大学出版社 2016 年版，第 567 页。

12 Peter Sekirin, *Memories of Chekhov: Accounts of the Writer from His Family, Friends and Contemporaries*, McFarland, Jefferson, N.C., 2011, p.165.

13 童道明译著：《可爱的契诃夫：契诃夫书信赏读》，商务印书馆 2015 年版，第 182 页。

14 Mikhail Pavlovich Chekhov, *Anton Chekhov: A Brother's Memoir*, Palgrave Macmillan, New York, 2010, p.3.

玫瑰

蛇鞭菊

白玉簪

大丽花

木槿花

美女樱

盛放的玫瑰

倚墙的木香

红色玫瑰

橙色玫瑰

粉黄玫瑰

粉白玫瑰

黄秋英

鬼针草

夹竹桃

朱槿

玫红色玫瑰

鸢尾

萱草

白色别墅的阳光房

二楼的小阳台

契诃夫雕像旁的玫瑰

小竹林

花园一角

玫瑰花圃

白色别墅的门口，栽种着龙柏和雪松

白色别墅的二层外墙

通向花园的小路

契诃夫的花园

大滨菊与玫瑰

玫瑰与萱草

玫瑰与雄黄兰

高大的雪松

石楠

石楠

棕榈与石楠

挂果的梨树

屋后的紫藤

龙舌兰

契诃夫在花园的长椅上休息，1901年。原来的椅子已经损坏，现在的椅子是重新安装的绿色长椅

契诃夫在雅尔塔的花园里，身旁是他养的仙鹤，1904 年

契诃夫与雅尔塔的朋友们，1900 年 1 月 12 日

契诃夫与克尼佩尔，1901 年 5 月婚后不久

第 10 章

所有的春天抵不上你

Ты дороже всей весны

自1897年开始，丹钦科就有意把《海鸥》这出戏再次搬上舞台。他之所以执着地几次三番恳请契诃夫同意莫斯科艺术剧院重排《海鸥》，是因为他看出契诃夫戏剧有推陈出新的潜质，那是他所需要的可以引领莫斯科艺术剧院走向未来的戏剧。

由于契诃夫难以根除《海鸥》在圣彼得堡首演失败造成的心理阴影，他这一次表现得异常谨慎。丹钦科除了写信，还去梅利霍沃找契诃夫进行过长谈。他写信给契诃夫说："《海鸥》是唯一能抓住我这个导演的现代戏，而你是唯一能够以自己的优秀剧目使剧院感到巨大兴趣的当代作家。如蒙同意，我想在排演前到府上商谈《海鸥》和我的排演计划。"[1]最终契诃夫被丹钦科的诚意打动了，他同意丹钦科和斯坦尼斯拉夫斯基

斯坦尼斯拉夫斯基和丹钦科赠予契诃夫的签名照，1890年

在莫斯科艺术剧院重排《海鸥》。这一次仿佛天意使然，契诃夫将这个不朽的剧本交给了一位卓越的导演和一个伟大的剧团。然而，越是临近演出日期，契诃夫越是感到不安。等待他的，等待这个剧本的，会是什么样的命运呢？对契诃夫和莫斯科艺术剧院来说，这次演出的成败意味着生死存亡。

契诃夫在雅尔塔，1898 年

在圣彼得堡首演时，当扮演妮娜的科米萨尔热夫斯卡娅在第一幕说出那句“男人、狮子、雄鹰、山鹑、长角鹿、无声的鱼”的独白时，剧场大厅就爆出了笑声，之后就是愈演愈烈的哄笑声、吵闹声、聊天声，演出彻底被不合适的观众反应给毁了。其实后来人们才知道，当时的现场观众中不乏契诃夫的敌人，那些拉帮结派的蹩脚文人，他们居心不良地故意破坏剧场气氛。到了 1898 年 12 月 17 日的这一次演出，莫斯科艺术剧院的演员们经过了认真排练。为了使自己平静下来，演员们甚至拼命嗅着缬草水，那是当时最为流行的镇静剂。绣着一只张开双翼的海鸥的大幕拉开了，剧院的观众随即安静下来。第一幕演出结束后，观众席依然鸦雀无声。正在全体演员感到沮丧和绝望，禁不住浑身颤抖，甚至有的女演员抑制不住自己快要哭出来的时候，震耳欲聋的掌声响彻剧院。观众们一次又一次地欢呼，台上的演员们激动地拥抱在了一起。

斯坦尼斯拉夫斯基后来回忆道：“我们演得如何，我已经记不清了，

扮演妮娜的玛丽亚·罗克萨诺娃和扮演特里波列夫的梅耶荷德

叶甫盖尼娅·拉耶夫斯卡娅扮演的沙姆拉耶娃和亚历山大·维什涅夫斯基扮演的多尔恩医生

第一幕结束的时候全场鸦雀无声，一位女演员一头跌倒昏迷不醒，我自己也绝望地勉强支撑着。但是突然间在长时间的沉默之后，观众开始欢呼喝彩，猛烈地鼓掌。幕布又拉开了，又拉上了，我们茫然若失地呆立在台上，而后又是欢呼，又一次拉开幕布，我们仍然一动不动地站在那里，没想到我们应该鞠躬谢幕，我们终于理解到这一成功。大家就像在复活节之夜那样疯狂地互相拥抱起来。扮演玛莎的叶琳娜以及最后的台词打动了观众的心，我们向她热烈欢呼，一幕比一幕取得更大的成功，全剧以辉煌的胜利告终。”丹钦科在回忆这次演出时说：“一个新的剧院诞生了！”[2]

当远在雅尔塔的契诃夫得知莫斯科艺术剧院《海鸥》首演的巨大成

斯坦尼斯拉夫斯基扮演的特里果林和克尼佩尔扮演的阿尔卡基娜

功后，他默默流下了眼泪。这是对他经历长时间的污蔑、诋毁、倾轧和极其无耻的诽谤之后的告慰。他给丹钦科写去简短的贺电：“请转告大家，衷心地感激不尽，我在雅尔塔犹如德雷福斯在魔鬼岛上，没和你们在一起，十分想念。您的来电使我健康而幸福。契诃夫。”[3] 此后，《海鸥》到了一票难求的地步。每逢演出《海鸥》，警察就会出来指挥交通。[4]

《海鸥》一剧开创了俄国戏剧的新纪元。

这部戏剧让契诃夫收获的不只是荣誉，他还遇见了一生中的真爱。

玛丽雅在信中告诉他《海鸥》演得好极了，所有人都表现出色，演出很动人，简直让人忘记了那是在演戏。一位名叫奥尔加·克尼佩尔的女演员特别出色和可爱。她扮演的是特里波列夫的母亲阿尔卡基娜，看

克尼佩尔的剧照

她表演简直是一种享受。她还跟哥哥开玩笑，让他去追求克尼佩尔。克尼佩尔是莫斯科艺术剧院富有才华的女演员，她是一位德裔工程师的女儿，1868年出生在一个名叫格劳佐夫的小镇，她的父亲后来成了俄罗斯公民。父亲去世后，她和教声乐的母亲生活在一起。少女时代的她就向往舞台，后来她在丹钦科的戏剧学校学习了三年，毕业后进入莫斯科艺术剧院。和莫斯科艺术剧院的其他演员一样，她对契诃夫充满了敬仰和爱戴。

在此之前，契诃夫曾于1898年到莫斯科艺术剧院和演员们排练过《海鸥》这个剧本，也见过克尼佩尔。契诃夫对此前她在《沙皇费多尔》中塑造的伊丽娜这一角色留下过深刻的印象。[5]他曾在1898年10月8日写给苏沃林的信里这样说道:“依我看,伊丽娜这一角色塑造得很成功。她的音调、庄重的动作以及诚挚的感情都表演得惟妙惟肖，这一切深深地打动了我……如果我那时继续待在莫斯科，我会爱上这个伊丽娜。”而克尼佩尔对契诃夫的第一印象是：“我们都被他的个性、他的简单、他的从不说教以及异常微妙的人格魅力所吸引。”在克尼佩尔演出《沙皇费多尔》的时候，她感到：“我们在一个灰暗、寒冷、没有装饰的地方排练。没有地板、蜡烛头装在瓶子里而不是灯……不过想到外面黑暗空旷的地方，有一个我们都喜爱的‘灵魂’在倾听我们的声音，那真是一种享受。”[6]

时年二十八岁的克尼佩尔，有着一张立体的、棱角分明的脸庞，一双闪烁着智慧和灵性的眼睛，一头浓密乌黑的秀发，还有那出类拔萃的艺术天赋，这一切令她成为莫斯科艺术剧院熠熠生辉的明星演员。克尼佩尔对这位著名作家的印象也极为深刻，她回忆说：“他很朴实，不善于教导，但他的指示具有异常的魅力，以至于我们都为之倾倒了……他只是看着我们，一会儿微笑，一会儿又很庄重，有点难为情地摸摸胡子，往上抬一抬夹鼻眼镜……不知道该怎么回答一些问题，他回答问题有时突如其来像是不着边际，又像模棱两可，搞得我无所适从……他是严肃认真的呢，还是开开玩笑而已？不过只是开头才有这样的感觉，而现在呢，只消稍加指点就能心领神会，而那几乎不可捉摸的性格特点，也就开始形成典型人物了。”[7]

回到雅尔塔的契诃夫在给米齐诺娃的一封信中，间接地透露了自己的心思：

> 聂米罗维奇和斯坦尼斯拉夫斯基的剧院很有趣。女演员很漂亮，如果我再稍事逗留，那非神魂颠倒不可。我是人越老，生活的脉搏在我身上跳得越极速越有劲儿，这你可要牢记在心上。[8]

不过契诃夫一直对婚姻怀有恐惧。他曾经写信给苏沃林说：“我不打算结婚。我现在想做一个秃顶的小老头，坐在一间好的书房里的大桌旁写作。”[9]早在1895年，契诃夫就说过自己如果结婚的话，必须和妻子分开来住。他表示：“那种天天如此朝朝如此的幸福我可受不了，如果有人每天都用一个腔调对我说一样的话——那我非发狂不可……我答应做一个出色的丈夫，不过得给我这样一个妻子，她要像月亮一样，并不是每天都升上我的天空……”[10]他回望自己的青年时代，回望自己那些对于生活的想象，那是多么可笑。此时此刻，他多么需要一个爱人的朝夕相伴。他不由自主地思念起莫斯科艺术剧院的这位女演员来。

对女性一向矜持的契诃夫突然变得非常主动。1899年4月12日，契诃夫到莫斯科看《海鸥》的演出。4月18日，他专程去拜访了克尼佩尔，并邀请对方和自己一同去参观列维坦的画展。1899年5月，就在梅利霍沃庄园即将售出的最后一个春天，契诃夫向克尼佩尔发出邀请，请她和自己共度梅利霍沃的春天。克尼佩尔在梅利霍沃住了三天。契诃夫母亲的娴静和慈祥，契诃夫的纯真和质朴，那些他亲手种植的果树和玫瑰，以及黄昏时分的散步和交谈，无不给她留下了美好的印象。克尼佩尔特别喜欢契诃夫的书房。他们在那里倾心长谈，窗外是开满了花的苹果树和樱桃树。[11]克尼佩尔后来在回忆录中写道："这是沉浸于美好憧憬的三天，我感到快活，生活充满阳光。"三天后，他们依依惜别，互道倾慕之情，并渴望着再次相逢。克尼佩尔这样描述梅利霍沃令她心醉神迷的三天：

> 那房子，那写出《海鸥》的厢房和花园，那一方养鲤鱼的池塘、开花的果树、牛犊、鸭子，以及与男教师在小径上散步的乡村女教师，他们仿佛是玛莎与麦德维坚科在款款而行。令人心醉的还有亲切、温柔、舒适、充满笑话和俏皮话的交谈。[12]

1899年夏天，这是雅尔塔玫瑰绽放的季节。

契诃夫对克尼佩尔萌生了强烈的感情。他在6月用诙谐打趣的口气给她写信，比如"你已经把我们忘记了""你也许在高加索结了婚"，等等。他还在玛丽雅写给克尼佩尔的信上匆匆加了几句"附言"："你好，我生命的最后一页，俄罗斯土地上的伟大艺术家。我羡慕切尔克斯人，因为他们能见到你。祝你万事如意，多做美梦！"[13]此后，他们保持密集的通信，并相约7月18日在新罗西斯克会面，然后经海路去雅尔塔。

在雅尔塔，契诃夫下榻在玛丽诺饭店，克尼佩尔则住在他们共同的

上图：契诃夫在莫斯科艺术剧院，1899 年春。后排从左到右：亚历山大·维什涅夫斯基、瓦西里·卢日斯基、丹钦科、克尼佩尔、斯坦尼斯拉夫斯基、玛丽亚·罗克萨诺娃、尼古拉耶娃和 A. 安德列耶夫；前排从左到右：叶甫盖尼娅·拉耶夫斯卡娅、亚历山大·阿蒂约姆、契诃夫、玛丽亚·莉莉娜、洛萨夫·蒂霍米罗夫和梅耶荷德

左图：文学界和艺术界友人的照片

契诃夫的钢琴，拉赫玛尼诺夫曾在这架钢琴上演奏音乐

拉赫玛尼诺夫在莫斯科

客厅一角的普希金像，托尔斯泰称契诃夫为“散文界的普希金”。这个房间被契诃夫称为“普希金房间”

上图：雅尔塔白色别墅的会客厅及门外的阳台，契诃夫在这里接待莫斯科艺术剧院的全体演员和其他前来探望的友人
左图：通向二楼的木质楼梯

契诃夫在雅尔塔海边散步时，经常在这棵树下小憩

朋友斯列金家里。克尼佩尔跟随契诃夫饱览了南国的风光，克里米亚的海景，柏树环绕的玫瑰园。他们在清晨和黄昏沿着雅尔塔的海滩漫步，契诃夫还带着克尼佩尔去吃浇上克里米亚白葡萄酒的海鲜。克尼佩尔有时候会突然闷闷不乐，呆呆地出神，就像契诃夫后来在小说《带小狗的女人》(1899年)中刻画的安娜·谢尔盖耶芙娜一样，每当这时契诃夫就魂不守舍了。他们时而漫步，时而相视，时而坐上摇摇晃晃的马车沿着海岸兜风，看着码头上来来往往、打扮入时的人们，不知从哪里来，也不知要往哪里去……他们在悠闲轻松的氛围中，愉快地生活了一段时间。这次出行使他们更加渴望靠近对方。8月27日，克尼佩尔要回莫斯科了，契诃夫骤然感到一种深切的忧虑和不安，正如小说《带小狗的女人》中古罗夫送别安娜时所写的那样：

他觉得，再过上个把月，安娜·谢尔盖耶芙娜在他的记忆里就会被一层雾盖没，只有偶尔像别人那样来到他的梦中，现出她那动人的笑容

雅尔塔的海滩，契诃夫和克尼佩尔曾携手在此散步

雅尔塔的防波堤

契诃夫休息的长椅

《带小狗的女人》中的男女主人公被做成了城市雕塑

罢了。可是一个多月过去，隆冬来了，而在他的记忆里一切还是很清楚，仿佛昨天他才跟安娜·谢尔盖耶芙娜分手似的。而且这回忆越来越强烈，不论是在傍晚的寂静中，孩子的温课声传到他的书房里来，或者在饭馆里听见抒情歌曲，听见风琴的声音，或者是暴风雪在壁炉里哀叫，顿时，一切就都会在他的记忆里复活：在防波堤上发生的事、清晨以及山上的迷雾、从费奥多西亚开来的轮船、接吻，等等。他久久地在书房里来回走着，回想着，微微地笑，然后回忆变成幻想，在想象中，过去的事就跟将来会发生的事混淆起来了。安娜·谢尔盖耶芙娜没有到他的梦中来，可是她像影子似的跟着他到处走，一步也不放松他。他一闭上眼睛就看

见她活生生地站在他面前，显得比本来的样子还要美丽、年轻、温柔；自己也显得比原先在雅尔塔的时候更漂亮。每到傍晚她总是从书柜里，从壁炉里，从墙角里瞅他，他听见她的呼吸声，她的衣服的亲切的窸窣声。在街上他的目光常常跟踪着来往的女人，想找一个跟她长得相像的人……[14]

契诃夫在双鬓染霜的时候，第一次真正地恋爱了。

契诃夫一回到雅尔塔，克尼佩尔的信就到了。信中忧伤地写道："当您离去的时候，我是多么的痛苦，如果不是维什涅夫斯基陪着我，我会大哭一路了。暂时还没有入睡，我思想上与您一路同行。"[15]而契诃夫在给克尼佩尔的信中写道："我几乎不到花园里去，经常坐在房里想您。而当我在车上经过巴赫契萨拉伊时，我就想起了您，想起我们是

契诃夫的起居室

如何一起旅行的。可爱的、非凡的女演员，美丽的女人，如果您知道您的来信给我带来了多少欢乐。我低低地向您鞠躬，低低地，低得额头要碰到我们家那口已经挖到八丈深的井底。我已经习惯和您在一起，现在我很苦闷，而且无论如何不能容忍这样一个想法：在春天之前我见不到您……”[16]他说：“我生气，我恼火，我在羡慕那只生活在你们剧院地板下的老鼠。”[17]“钢琴和我，成了静静地放在屋子里的东西。真不明白，为什么把我们放在这里，因为没有任何人来触动钢琴的键盘。”[18]

在《万尼亚舅舅》的第三幕，沃伊尼茨基有一段台词：“等我跑去拿一把玫瑰花来，作为我们讲和和亲近的证明。我今天早晨就把花给你预备好了……是一些非常好看的秋玫瑰，使人感到忧郁的玫瑰……”[19]万尼亚舅舅忧郁的玫瑰，也是契诃夫忧郁的玫瑰，这些玫瑰饱含着对克尼佩尔的深情。

1899年，在丹钦科的反复争取下，契诃夫把《万尼亚舅舅》交给了莫斯科艺术剧院。

在莫斯科艺术剧院排演《万尼亚舅舅》的日子里，远在雅尔塔的契诃夫继续着他作家和园丁的生活。此外，就是等待克尼佩尔的来信，这些信件就是天使赐给的粮食。克尼佩尔除了表达对契诃夫的思念，还增加了请教表演的内容，比如“叶列娜和阿斯特罗夫的爱情是否真挚热烈”。对此，契诃夫的回答是，千万不要被斯坦尼斯拉夫斯基误导。阿斯特罗夫只是被叶列娜的美貌所吸引，分别时刻他几乎只是漫不经心地拥抱了叶列娜。契诃夫一边担心导演对这个剧本存在误读，一边惴惴不安地等待着演出的消息。1899年10月27日晚，契诃夫家客厅的挂壁电话几乎响了一夜。演出获得极大成功，他不得不一次次光着脚接听来自朋友们的祝贺电话。[20]托尔斯泰听说了《万尼亚舅舅》演出成功的消息，

《万尼亚舅舅》在莫斯科艺术剧院的演出海报

于1900年1月24日突然出现在了莫斯科艺术剧院。他的出现让所有人喜出望外。如此德高望重的大文豪来剧院看戏，令整个剧院惊喜万分。然而出人意料的是，托尔斯泰并不喜欢《万尼亚舅舅》。他对契诃夫的小说评价很高，但对他的戏剧则始终持否定的态度。

1899年入冬时，契诃夫感到格外孤独。他给克尼佩尔写信说："雅尔塔突然变冷了，我多想去莫斯科啊！"[21]克尼佩尔的回信是："保持健康，散步，享受生活，呼吸南方的清新空气。我紧握你的手在心里。"[22]玛丽雅在莫斯科找到了一份教师的工作，她已经习惯于在那里生活了。契诃夫的日常生活由母亲和厨娘照顾。两位老人并不能很好地照顾契诃夫，他在生活的各方面并不如意，饮食起居也得不到很好的照料。他很早就上床睡觉，天不亮就醒了。有时候夜里失眠，听到屋子外面刮风的声音，雨点拍打在窗户上，这让他越发感到孤独无依。唯一能给予他安慰的就是他的花园，他的那些花草和玫瑰。他在那年11月24日给丹钦科的信中特意提到：

> 我在雅尔塔别墅很方便。舒适，暖和，景色也好。花园是奇异非凡的。我自己亲手种树。光是玫瑰就种下了一百株，而且栽培的全是最高雅的品种。还种上了五十棵金字塔形的洋槐，许许多多山茶、百合、晚香玉，等等。[23]

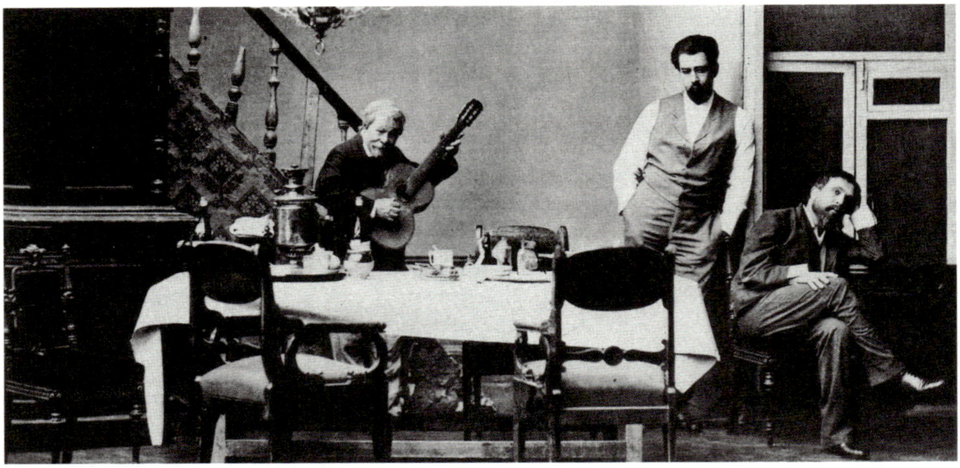

上图：《万尼亚舅舅》第二幕，斯坦尼斯拉夫斯基饰演阿斯特罗夫，维什涅夫斯基饰演沃伊尼茨基，阿蒂约姆饰演帖列金

左上图：《万尼亚舅舅》第二幕，克尼佩尔饰演叶列娜，玛丽亚·莉莉娜饰演索尼雅

左下图：《万尼亚舅舅》第三幕，玛丽亚·莉莉娜饰演索尼雅，斯坦尼斯拉夫斯基饰演阿斯特罗夫

下图：《万尼亚舅舅》第三幕，人物群像

即便如此，他还写信鼓励丹钦科："别扫兴！艺术剧院是那部讲述当代俄国戏剧的书中的最好篇章，总有一天会有人写出这部书来的。这个剧院是你的骄傲，这也是唯一的我所喜欢的剧院……"[24] 他在和克尼佩尔的往来通信中也反复鼓励容易沮丧的她相信自己的才华："艺术，尤其是舞台，是这样一个领域，在这里走路不绊脚是不可能的。前面还有许多失败的日子和失败的季节；还会有巨大的误解和深沉的失望，对于这一切应当有所准备，应当预料到这一切，而且应当，不管怎么样，顽强而狂热地坚持自己的一套。"[25]

克尼佩尔对契诃夫的感情与日俱增，她在艺术追求上对契诃夫的依赖也与日俱增。她会为玛丽雅告诉她契诃夫要娶一位神职人员的女儿而吃醋（实际上并没有这样一桩婚事）："你当然给她买一片海？也许，当我再去雅尔塔的时候，可以欣赏你们的幸福。"而当她听说契诃夫夏天会去欧洲度假时，着急地去信询问："听说你要出国一整个夏天，告诉我这不是真的，我们将一起度过这个夏天。我们会，我们会，我们会吗？我仍喜欢和你交谈，你还记得我们谈话的方式吗？"[26]

1900 年春天，契诃夫知道雅尔塔的花园即将迎来一年中最美的时节，他希望春回大地的时候，能够见到克尼佩尔。整个冬天，克尼佩尔也时常在信中关心着契诃夫的花园，关心着契诃夫心爱的植物。[27] 而此刻，契诃夫在花园的小河上搭了三座小桥，他在秋天种下的七十株玫瑰，只有三株没有生根，其余都活了。百合花、鸢尾花、郁金香、晚香玉和风信子也都生机盎然。柳树正在发芽，杏花也开了，草长莺飞。契诃夫每天散步的时候，都喜欢坐在他油漆成绿色的花园长椅上欣赏花园。[28]

不知是想和克尼佩尔重逢，还是想看到自己的戏剧，契诃夫向丹钦科和斯坦尼斯拉夫斯基发出了到克里米亚巡回演出的邀请。建议很快被

契诃夫与妹妹玛丽雅、母亲叶甫盖尼娅和妻子克尼佩尔，雅尔塔，1902 年

雅尔塔白色别墅远景，可以看到别墅周围种满了树木和花卉

采纳了，契诃夫喜出望外。这意味着，不久后他将在家中迎接他朝思暮想的克尼佩尔，他为这次春天的聚会做好了充分的准备。他告诉克尼佩尔：“再过几天郁金香就要开花了。我的花园很好。”[29]

契诃夫与克尼佩尔商量好，要她先于剧院其他人员提前到达雅尔塔。4月初，克尼佩尔和玛丽雅一起坐火车回到白色别墅。克尼佩尔上一次来的时候，别墅正在施工，花园还在建造，而现在白色别墅已经装修完毕。契诃夫的花园在温暖如春的气候里显得格外繁茂葱茏，尤其是夹道两旁的金合欢树，长得俊朗挺拔。契诃夫像一个真正的园丁，一边给克尼佩尔介绍花园，一边不时弯腰清理着花园里的杂草，两只仙鹤步态优雅地跟随着他们。所有这一切让克尼佩尔感到踏实，感到一种从未有过的归属感。四个多月后，热恋中的契诃夫在给克尼佩尔的信中告诉她，雅尔塔有天晚上刮大风，一只鹤飞走了，只剩下一只。这似乎是某种命运的预言。[30]

1900年4月14日，那是一个星期五，莫斯科艺术剧院的全体演员结束了在塞瓦斯托波尔的演出之后，齐聚契诃夫家中。克尼佩尔和玛丽雅忙于照应这群艺术家朋友。据玛丽雅回忆，契诃夫被莫斯科艺术剧院演出的《万尼亚舅舅》深深打动，他的夹鼻眼镜都被泪水浸湿了。他非

契诃夫赠予克尼佩尔的签名照

常喜欢和感激这些演员，尤其感激他心爱的克尼佩尔。

契诃夫还特意邀请了和他来往密切的蒲宁、高尔基、库普林、拉赫玛尼诺夫等人。这些文学家和艺术家聚集在契诃夫家的客厅、办公室、阳台和花园里。斯坦尼斯拉夫斯基回忆说："在一个角落里正进行文学辩论；在花园里人们正在像小学生那样比赛，看谁把石头掷得更远；而在第三堆人里，蒲宁正在进行天才非凡的表演，安东·巴甫洛维奇总是与蒲宁形影不离，在一旁哈哈大笑，简直笑得要死，在安东·巴甫洛维奇情绪好的时候，谁也不能像蒲宁那样逗得他发笑……高尔基讲述他的流浪生活，马明—西比利亚克幽默得令人捧腹，有时简直是在做滑稽表演。蒲宁专开风雅脱俗的玩笑，安东·巴甫洛维奇偶尔插言，妙语解颐。莫斯克文口风犀利。所有这一切都造成一种气氛，把大家组成一个艺术家的大家庭。总而言之，春天、大海、欢乐、青春、诗歌、艺术，这就是我们当时所置身的那种气氛，在安东·巴甫洛维奇家里，差不多每个白天和晚上都是如此。"[31]

那一天，契诃夫穿梭在他这些珍贵的朋友中间。看着心爱的克尼佩尔忙前忙后，契诃夫越发容光焕发，他感到说不出的幸福和满足。这段时期是契诃夫在雅尔塔整个生活的黄金时期，他恢复了昔日的活力、快乐和诙谐，甚至把自己的肺病都遗忘了。4月16日，《万尼亚舅舅》在雅尔塔演出，契诃夫的母亲第一次在剧院观赏儿子的戏剧，为此她还翻箱倒柜找出了多年不穿的黑丝绒礼服。巡演结束的当天，剧院为契诃夫举行了庆祝会，上演的剧目是《海鸥》。契诃夫在掌声和欢呼声中显得有些不自然。有人给他献上饰有红色缎带的棕榈枝，缎带上写着"献给俄国现实的精辟阐释者"。

离开雅尔塔的克尼佩尔写信给契诃夫表达自己对于他的依恋，对于

上图：契诃夫与玛丽亚·德罗兹多娃、伊万和玛丽雅，雅尔塔，1902 年
右图：1903 年 3 月至 4 月，在雅尔塔的契诃夫

雅尔塔之行的美妙回忆："我想去南方，去温暖，去心中有阳光的地方。雅尔塔像梦一样，真不希望这个梦褪色。当我不是演员的时候，和你在一起是多么快乐。雅尔塔，是一场漫长的、令人陶醉的聚会：军官们的来访、美食、剧院的开幕、掌声与祝贺，还有盛大的塔塔里诺娃家屋顶上的晚餐——一切都像是童话一样！"[32]

真是天赐机缘。雅尔塔一别之后，契诃夫和克尼佩尔居然在开往巴统的火车里偶遇了。契诃夫约了高尔基以及其他一些朋友去高加索，克尼佩尔则是陪母亲外出旅行。这次在火车上的不期而遇使他们相信了天意。[33]之后，两人开始在信中使用"亲爱的奥尔加""我的安东""我的小亲亲""我亲爱的娇美的女演员""我亲爱的宝贝""亲爱的优秀的无与伦比的女演员""我在想你，一心想见到你"等亲密之语。他们约定夏天在雅尔塔相见。

正是这次见面，使他们意识到只有死亡才能把他们分开。[34]

真爱和幸福来之不易！

契诃夫从克尼佩尔的信中感受到，这是一位具有为艺术而献身精神的艺术家。她无限忠于她美好的事业和艺术，她生活在探索的希望和怀疑之中。她的生活纯粹而严肃，她的心地纯真而善良，她所有的欢乐和痛苦都围绕着她心爱的戏剧，以及在艺术探索中的得失。克尼佩尔和他先前遇到的那些轻浮的女演员并不相同。对于戏剧和艺术的热爱，对于他们共同事业的热爱，使得契诃夫和克尼佩尔的爱情，有了一种可称为高尚的内核。

在雅尔塔的每个晚上，他们等母亲和妹妹睡着后，就去工作室约会，或是到靠近海岸的木屋，一起听大海的涛声，克尼佩尔也会为契诃夫一人歌唱……契诃夫发现自己变了，他在克尼佩尔面前不会采用对待其他

莫斯科艺术剧院全体演员合影

作家圈成员赠予契诃夫的签名照，后排从左到右：斯捷潘·彼得罗夫和高尔基，前排从左到右：莱昂尼德·安德列耶夫、费奥多尔·查利亚平、伊万·蒲宁、尼科拉·捷列绍夫和叶夫根尼·奇里科夫，1902 年

谢罗夫创作的契诃夫肖像，1902 年

女人那种轻慢和调侃的方式。他变得深沉而严肃。他对克尼佩尔说："我为你不在身边而苦恼，没有你一切都糟透了；没有你我太寂寞了，我就像被抛在茫茫大海里一样……"[35]之后，就是再一次依依不舍的告别。契诃夫没有和克尼佩尔一起回莫斯科。他把她送到火车站，目送她登上开往莫斯科的火车。小说《带小狗的女人》结尾所描述的古罗夫和安娜的心理，或许正是当时契诃夫和克尼佩尔的心境：

契诃夫与克尼佩尔在阿克西扬沃村，1901 年

以前在忧伤的时候，他总是用他想得到的任何道理来安慰自己，可是现在他顾不上什么道理了，他感到深深的怜悯，一心希望自己诚恳，温柔……

“别哭了，我的好人，”他说，“哭了一阵也就够了……现在让我们来谈谈，想出一个什么办法来吧。”

后来他们商量了很久，讲到应该怎样做才能摆脱这种必须躲藏、欺骗、分居两地、很久不能见面的处境。应该怎样做才能从这种不堪忍受的桎梏中解放出来呢？

“应该怎样做？应该怎样做呢？”他问，抱住头，“应该怎样做呢？”

似乎再过一忽儿，解答就可以找到，到那时候，一种崭新的、美好的生活就要开始了，不过这两个人心里明白：离着结束还很远很远，那最复杂、最困难的道路现在才刚刚开始。[36]

这篇小说几乎是契诃夫人生的最终预言，他和克尼佩尔注定永远困惑并纠缠于命运抛给他们的不可解的问题。克尼佩尔一走，契诃夫就失魂落魄了。他感到寂寞、疲惫、毫无兴致。他在接连写给克尼佩尔的两封信中说：

我总觉得，现在房门就要打开，你走了进来。但你是走不进来的，你现在在排戏，或者在密尔兹里扬科夫斯基街的家里，离雅尔塔很远，离我很远。别了，上天保佑你，天使保佑你。别了，好姑娘。（1900年8月9日）[37]

想到你，梦到你，没有你，什么都变得没有意思。我在格鲁祖夫待了三天，回到雅尔塔，我的监狱。风刮得很厉害，船不通航了，海浪很大，有人淹死了，一滴雨也没有，一切都枯萎了。一句话，自你离开以后，这里的一切都变得如此糟糕。没有你，我想上吊。（1900 年 8 月 13 日）[38]

1900 年 8 月 20 日，发生了一件匪夷所思的事情，契诃夫特意在写给克尼佩尔的信中描述了这件事。那天午饭后，当他像往常一样去往花园散步的时候，突然遇见了一件可怕的事：他的面前站着一位身着灰衣的女人！她不知从哪儿来，也不知为什么会出现在契诃夫的花园里。她靠近契诃夫，废话连篇，契诃夫什么也没有听清楚，只听到她说自己只能从一点待到三点。[39] 这个场景让我们想起类似梅特林克戏剧中“死神降临”的一幕。她那句“只能从一点待到三点”，好像是残酷的谶语。自此，契诃夫越加害怕寂寞，怕一个人待在家里，渴望从克尼佩尔那里得到爱的回应。他几乎每天给她写信，表示自己要像阿拉伯人那样疯狂地去爱，或许爱已成为他抗拒死亡、确证自己生命力的一种方式。

在讨论大自然以及戏剧问题的时候，契诃夫和克尼佩尔默契而亲热。在排演《三姊妹》的日子里，契诃夫迫切希望得到来自排练现场的信息。克尼佩尔充当了契诃夫和莫斯科艺术剧院之间的信使，而契诃夫又成了克尼佩尔最好的场外指导。在如何塑造玛莎这个人物的问题上，契诃夫告诫克尼佩尔不要装出一副苦相，要有生气。他说，那些心中长久埋藏着痛苦的人对此早已经习惯了。所以他给克尼佩尔的建议是，当周围的人谈话的时候，她可以陷入沉思。

契诃夫继续给克尼佩尔写了很多信。从“我希望你活得健康”“莫斯科冷了吗”“你生气了”“你的小蚂蚁”“吻你二十次”“吻你一千次”“吻你一百万次”等语言中，可以感到他的关切和疼爱。不过似乎再频繁的通信也不能抚慰两地相思的痛苦，再加上契诃夫迟迟不提结婚的事，克尼佩尔时常情绪低落，偶尔也会在信中表达她的不满，甚至责备："你有一颗温柔的心，为什么把它变得冷酷了。"[40]契诃夫突然感到一种感情难以为继的恐惧。他开诚布公地向克尼佩尔指出了问题的本质："如果我们现在不能在一起，那么有错的不是我也不是你，而是魔鬼。它在我身上注入了肺结核菌，而在你身上注入了对艺术的爱。"（1900年9月27日）[41]对于结婚，契诃夫内心充满了矛盾。他对克尼佩尔说："要知道我是爱你的，你要记住，没有你我已经很难生活了。""东奔西跑已使我疲于奔命，看来我已经老相毕露。说起来你和我结婚得到的不是丈夫，而是老爷爷。"[42]

一想到婚姻，契诃夫就不能不对自己的健康状况产生忧虑。他们的生活有着太多不同。克尼佩尔年轻、活泼，渴望自由的生活，而自己却是拖着疲惫的身子走向有限的未来。但这一次，契诃夫深知如果再不结婚，他将会失去她，留给他的时间不多了！一方面他不想拖累克尼佩尔，

《三姊妹》中，玛格丽特·萨维茨卡娅饰演大姐奥尔加，克尼佩尔饰演二姐玛莎，巴拉诺夫斯卡娅饰演妹妹伊里娜

一方面又不想放弃来之不易的幸福。最终他做出了决定，提笔给克尼佩尔写去了一封信：

> 如果你保证在我们结婚之前，莫斯科不会有一个人知道此事，那我到达莫斯科的当天就去和你举行婚礼。不知道为什么我害怕婚礼、祝贺，以及必须端在手里的香槟酒，还有那种莫名其妙的微笑，这些都让我不自在……我一切都准备停当了，只除了一件小事——健康……
>
> 在此之后，我准备整个冬天或大部分冬天和你一起住在莫斯科的家里，只是不要闲得无聊，身体要健康。咳嗽夺去了我全部精力，想到未来我就打不起精神来，动笔写作也毫无兴趣。你要考虑考虑未来啊，做我的女主人，你怎样说，我就怎样做，不然我们就不是生活，而是每隔一小时服一汤匙生命。[43]

契诃夫深知自己的病情仍然在迅速恶化，他对于自己的健康不抱希望。他原本希望克尼佩尔和自己“一起过田园生活”，但他又觉得对她不公平。这样的要求对一个热爱艺术和戏剧的女演员来说太过自私和残酷。于是他承诺让克尼佩尔“再演五年戏”[44]。他知道自己在人间的日子已屈指可数。在这屈指可数的日子里，他必须为自己人生的最后一幕做出安排。

1901 年 5 月 25 日，契诃夫和克尼佩尔在莫斯科奥夫拉日卡十字教堂举行婚礼。参加婚礼的只有少数亲属，新郎的弟弟和新娘的叔叔是他们的男傧相。婚礼之后，契诃夫特意拜见了克尼佩尔的母亲，之后两人便登上了蜜月旅行的火车。途中，契诃夫给母亲发去一则简短的电报：“亲爱的妈妈，祝福我吧，我已结婚，一切照旧。”

《三姊妹》的封面，
1901 年，圣彼得堡

斯坦尼斯拉夫斯基饰演韦尔什宁，
瓦西里・卡恰洛夫饰演图森巴赫

契诃夫与托尔斯泰在加斯普拉，
1901 年 9 月 12 日

契诃夫安排了自己最后几年的生活，他没有放弃来之不易的幸福。但是，他已无力受用这一生的幸福了。蜜月过后，克尼佩尔回到剧院去排练。契诃夫种下的玫瑰在这一年的8月盛开得格外绚烂，他和妻子却没有机会一起漫步在玫瑰盛开的花园。在后来的日子里，他们的家庭生活也有着普通人的烦恼。克尼佩尔和契诃夫的母亲及妹妹之间的误会，让契诃夫伤透了脑筋。他期待着一个更加智慧和成熟的克尼佩尔，可以懂得“倾听、耐心、保持沉默……不管别人对你说了什么，不管事情是什么样子”，“对于新婚的人而言，幸福首先在于隐忍。在最初的隐忍中，隐藏着全部的生活享受”。[45]婚后的契诃夫和克尼佩尔依然聚少离多，给彼此造成了很大的困惑。11月，玫瑰和菊花在雅尔塔别墅的花园中相遇，可是契诃夫和克尼佩尔却碰不上面。契诃夫每天都憧憬着可以和克尼佩尔共度人生最美好的时光。

我像一个僧侣那样活着，
我只能在梦中见到你。
尽管我已经四十岁，羞于示爱了。
但我还是忍不住再一次对你说，
我爱你，爱得深沉和温柔。
（致克尼佩尔，1901年11月2日）[46]

玫瑰开了，丁香开了，花园里的花都开了。[47]契诃夫感到写信已经不能慰藉相思之苦，他需要妻子和自己真实地朝夕相处，真正地生活在一起。他感到这样长时间的分别，“简直是作孽”（致克尼佩尔，1901年11月9日）。他形容自己“生活在一片沙漠里，无事可干，见不到人。

几乎每个星期都要病一次”。“房子很冷、炉子很热，但我不能点火，那样对我的眼睛不好，可我在 12 度以下工作很困难。如果现在就能和我的妻子说话，抚摸她的额头，她的肩膀，和她一起谈天说笑，这是多么令人向往啊！”[48] 但这样的苦恼很快就被对妻子的体贴和理解所代替：“我的妻子，我的金子般的好妻子。我能为你做什么呢？你要原谅你那愚蠢的老丈夫，不要生气。”[49] 契诃夫忍受着常人难以想象的孤独，强颜欢笑地写信为克尼佩尔排忧解难。

对于契诃夫在信中流露出的孤独和痛苦，克尼佩尔是有感觉的，这种感觉令她感到内疚和自责。她为自己在一次和艺术剧院的同事聚会中喝醉了酒而自责，“请宽恕你的放荡的妻子”[50]。可以想见克尼佩尔的心中同样是苦闷的，她既舍弃不了心爱的舞台，也放不下病重的丈夫。

克尼佩尔卧室墙上的画像和照片

克尼佩尔在房间最显著的位置
挂着契诃夫的照片

人去楼空，如今在雅尔塔别墅
中还保留着克尼佩尔的卧室

母亲的卧室

屋顶上方是供养圣像的长明灯，下面摆放着《圣经》，这是母亲祷告的地方

墙上挂着母亲的画像

契诃夫在圣彼得堡，1899 年

病重的契诃夫，雅尔塔，1904 年 4 月 18 日

她担心契诃夫的健康和心情。在 12 月 17 日的信中，她做了个决定："安东，一过了这个演出季，我就带你去外面过一整年，照顾你，爱你，好吗？一想到你在很远的地方受苦、挨饿、受冻和悲伤，我就活不下去了。我们的生活必须改变。今年我将放弃演艺离开剧院。"[51] 不过之后的生活，还是一切照旧。[52] 这一年的圣诞节，契诃夫在雅尔塔，克尼佩尔在莫斯科。契诃夫在写信中度过了 1901 年的圣诞节。平安夜那一天契诃夫寄出的信，最后两句是："1903 年，如果那时我还在，我们就去莫斯科郊外的别墅消磨时光。"[53]

---

1 [俄] 格 · 别尔德尼科夫:《契诃夫传》，陈玉增译，黑龙江人民出版社 1988 年版，第 372 页。

2 [俄] 格 · 别尔德尼科夫:《契诃夫传》，陈玉增译，黑龙江人民出版社 1988 年版，第 375 页。

3 同注释 2。

4 1899 年 4 月 12 日，契诃夫来到莫斯科观看大获成功的《海鸥》，然而结果并没有他想象得那么完美。他对于斯坦尼斯拉夫斯基塑造的特里果林特别不满意。他认为斯坦尼斯拉夫斯基在舞台上说话行动像个瘫痪的病人，缺乏自己的意志。

5 Mikhail Pavlovich Chekhov, *Anton Chekhov: A Brother's Memoir*, Palgrave Macmillan, New York, 2010, p.213.

6 Jean Benedetti, trans.and ed., *Dear Writer, Dear Actress: The Love Letters of Anton Chekhov and Olga Knipper*, Methuen, London, 1996, p.5.

7 [俄] 格 · 别尔德尼科夫:《契诃夫传》，陈玉增译，黑龙江人民出版社 1988 年版，第 373 页。

8 同注释 7。

9 [俄] 契诃夫：《契诃夫书信集》，朱逸森译，上海译文出版社 2018 年版，第 151 页。

10 [俄] 格 · 别尔德尼科夫:《契诃夫传》，陈玉增译，黑龙江人民出版社 1988 年版，第 414 页。

11 Jean Benedetti, trans.and ed., *Dear Writer, Dear Actress: The Love Letters of Anton Chekhov and Olga Knipper*, Methuen, London, 1996, p.180.

12 Jean Benedetti, trans.and ed., *Dear Writer, Dear Actress: The Love Letters of Anton Chekhov and Olga Knipper*, Methuen, London, 1996, p.6.

13 [法] 亨利 · 特罗亚：《契诃夫传》，侯贵信等译，世界知识出版社 1992 年版，第 243 页。

14 [俄] 契诃夫：《契诃夫小说全集 · 第 10 卷》，汝龙译，上海译文出版社 2000 年版，第 260—261 页。高尔基读罢《带小狗的女人》，兴奋地写信给契诃夫说："在你这一部短小精悍的小说写成以后，相比之下，其他一切作品都显得粗制滥造，简直是随意胡诌。这部小说比其他任何作品都更为简练、真实。是的，你用现实主义手法描写这个故事。你用写小故事的方式，做重要的工作，你唤起人们对这种昏昏欲睡、死气沉沉的生活的厌恶。你的小说犹如华丽的香水，飘溢着生活的芳香。"

15 童道明译著：《可爱的契诃夫：契诃夫书信赏读》，商务印书馆 2015 年版，第 190 页。
16 童道明译著：《可爱的契诃夫：契诃夫书信赏读》，商务印书馆 2015 年版，第 189 页。
17 [俄] 契诃夫：《契诃夫书信集》，朱逸森译，上海译文出版社 2018 年版，第 268 页。
18 [法] 亨利 · 特罗亚：《契诃夫传》，侯贵信等译，世界知识出版社 1992 年版，第 247 页。
19 [俄] 契诃夫：《万尼亚舅舅 · 三姊妹 · 樱桃园》，焦菊隐译，上海译文出版社 2017 年版，第 44 页。
20 Jean Benedetti, trans.and ed., *Dear Writer, Dear Actress: The Love Letters of Anton Chekhov and Olga Knipper*, Methuen, London, 1996, p.25.
21 Jean Benedetti, trans.and ed., *Dear Writer, Dear Actress: The Love Letters of Anton Chekhov and Olga Knipper*, Methuen, London, 1996, p.18.
22 Jean Benedetti, trans.and ed., *Dear Writer, Dear Actress: The Love Letters of Anton Chekhov and Olga Knipper*, Methuen, London, 1996, p.19.
23 [俄] 契诃夫：《契诃夫书信集》，朱逸森译，上海译文出版社 2018 年版，第 273 页。
24 [俄] 契诃夫：《契诃夫书信集》，朱逸森译，上海译文出版社 2018 年版，第 274 页。
25 [俄] 契诃夫：《契诃夫书信集》，朱逸森译，上海译文出版社 2018 年版，第 267 页。
26 Jean Benedetti, trans.and ed., *Dear Writer, Dear Actress: The Love Letters of Anton Chekhov and Olga Knipper*, Methuen, London, 1996, p.30.
27 Jean Benedetti, trans.and ed., *Dear Writer, Dear Actress: The Love Letters of Anton Chekhov and Olga Knipper*, Methuen, London, 1996, p.27.
28 Jean Benedetti, trans. and ed., *Dear Writer, Dear Actress: The Love Letters of Anton Chekhov and Olga Knipper*, Methuen, London, 1996, p.33.
29 童道明译著：《可爱的契诃夫：契诃夫书信赏读》，商务印书馆 2015 年版，第 211 页。
30 Jean Benedetti, trans.and ed., *Dear Writer, Dear Actress: The Love Letters of Anton Chekhov and Olga Knipper*, Methuen, London, 1996, p.51.
31 [俄] 格 · 别尔德尼科夫：《契诃夫传》，陈玉增译，黑龙江人民出版社 1988 年版，第 393—394 页。
32 Jean Benedetti, trans.and ed., *Dear Writer, Dear Actress: The Love Letters of Anton Chekhov and Olga Knipper*, Methuen, London, 1996, p.38.
33 Jean Benedetti, trans.and ed., *Dear Writer, Dear Actress: The Love Letters of Anton Chekhov and Olga Knipper*, Methuen, London, 1996, p.40.
34 1900 年 7 月，克尼佩尔去雅尔塔和契诃夫的家人一起度假，并于 8 月 5 日返回莫斯科。这期间他们从朋友发展为恋人。
35 [俄] 格 · 别尔德尼科夫：《契诃夫传》，陈玉增译，黑龙江人民出版社 1988 年版，第 397 页。
36 [俄] 契诃夫：《契诃夫小说全集 · 第 9 卷》，汝龙译，上海译文出版社 2000 年版，第 267 页。

37 Jean Benedetti, trans.and ed., *Dear Writer, Dear Actress: The Love Letters of Anton Chekhov and Olga Knipper*, Methuen, London, 1996, p.47.

38 Jean Benedetti, trans.and ed., *Dear Writer, Dear Actress: The Love Letters of Anton Chekhov and Olga Knipper*, Methuen, London, 1996, p.48.

39 Jean Benedetti, trans.and ed., *Dear Writer, Dear Actress: The Love Letters of Anton Chekhov and Olga Knipper*, Methuen, London, 1996, p.53.

40 Jean Benedetti, trans.and ed., *Dear Writer, Dear Actress: The Love Letters of Anton Chekhov and Olga Knipper*, Methuen, London, 1996, p.63.

41 Jean Benedetti, trans.and ed., *Dear Writer, Dear Actress: The Love Letters of Anton Chekhov and Olga Knipper*, Methuen, London, 1996, p.65.

42 同注释10。

43 Jean Benedetti, trans.and ed., *Dear Writer, Dear Actress: The Love Letters of Anton Chekhov and Olga Knipper*, Methuen, London, 1996, pp.125—126.

44 Jean Benedetti, trans.and ed., *Dear Writer, Dear Actress: The Love Letters of Anton Chekhov and Olga Knipper*, Methuen, London, 1996, p.118.

45 Jean Benedetti, trans.and ed., *Dear Writer, Dear Actress: The Love Letters of Anton Chekhov and Olga Knipper*, Methuen, London, 1996, p.150.

46 Jean Benedetti, trans.and ed., *Dear Writer, Dear Actress: The Love Letters of Anton Chekhov and Olga Knipper*, Methuen, London, 1996, p.161.

47 雅尔塔的10月平均气温在10度左右，大部分时间是晴天或多云，偶尔有阵雨。

48 Jean Benedetti, trans.and ed., *Dear Writer, Dear Actress: The Love Letters of Anton Chekhov and Olga Knipper*, Methuen, London, 1996, p.184.

49 Jean Benedetti, trans.and ed., *Dear Writer, Dear Actress: The Love Letters of Anton Chekhov and Olga Knipper*, Methuen, London, 1996, p.187.

50 Jean Benedetti, trans.and ed., *Dear Writer, Dear Actress: The Love Letters of Anton Chekhov and Olga Knipper*, Methuen, London, 1996, p.191.

51 Jean Benedetti, trans.and ed., *Dear Writer, Dear Actress: The Love Letters of Anton Chekhov and Olga Knipper*, Methuen, London, 1996, p.195.

52 克尼佩尔找了丹钦科，谈到自己想离开剧院的想法，但是丹钦科只允许给她假期。克尼佩尔想请斯坦尼斯拉夫斯基帮忙说服丹钦科，但是斯坦尼斯拉夫斯基不仅没有帮忙，还说与契诃夫分居对她有好处。对此，克尼佩尔在信中写道：“那个傻瓜安慰我说，我在舞台上演出、我们分居两地对我有好处。他告诉我，在他妻子成为演员之前，生活也是乏味的、无趣的。这个人是个蠢货！”参见：*Dear Writer, Dear Actress*, p.203。

53 Jean Benedetti, trans.and ed., *Dear Writer, Dear Actress: The Love Letters of Anton Chekhov and Olga Knipper*, Methuen, London, 1996, p.201.

契诃夫，1903 年

第 11 章

没有绽放的玫瑰

Непроцветавшая роза

契诃夫人生最大的遗憾是失去了一朵珍贵的、尚未开放的小玫瑰。

在行将走到人生终点的时刻，他对自己的命运已有预感，开始考虑很多未来的事情。他希望和克尼佩尔有一个孩子。在1901年11月2日写给克尼佩尔的信中，他特意提到了这个心愿。信是这样写的：

> 我亲爱的小狗，你好！你在信中问起天气如何，仙鹤如何，莫加比山如何。天气很温暖，但有雾；莫加比山就隐藏在雾中；关于仙鹤，我已在信中对你说了，有两只。花园很好看，菊花开了，玫瑰也开了，一句话，生活很美好……
>
> 我现在非常希望你生一个有一半日耳曼血统的小孩，他能让你开心，能充实你的生活。需要这样……你怎么想？[1]

这封信读来温柔而深沉，但是令人倍感心酸。契诃夫感到无法排解的孤独和苦闷。他还那么年轻，但是他已经自感将不久于人世，对他而言最重要的是有个孩子。克尼佩尔不会不从这封信中体会到契诃夫的心情。但是幸运迟迟没有降临。

克尼佩尔始终没有怀孕的迹象。她在1901年11月13日的信中表示："为什么你认为有个孩子才能充实我的生活呢？有你一人就够了。"[2] 1902年3月17日，契诃夫写信给克尼佩尔，并一如既往地鼓励她，半开玩笑地说："你将成为一个大明星，成为莎拉·伯恩哈特！你会抛弃我吗？会把我看成你的管家吗？"契诃夫还在信的结尾加了附言："我一点也不反对你成名，不反对你每年挣2.5万到4万卢布，但是你要尽可能为小庞菲勒着想。"从这封信中，我们可以了解到，契诃夫和克尼佩尔私下里对他们未来的孩子有过畅想，甚至称呼这个孩子为"庞菲勒"

或者“小小德国人”。

就在这封信寄出的半个月前，也就是1902年2月28日，克尼佩尔离开雅尔塔去往辛菲罗波尔，因为艺术剧院要在那里进行巡回演出。她前后在雅尔塔逗留了一周时间。[3]在3月1日寄自哈尔科夫的信中，克尼佩尔说自己出现了以往没有过的一种恶心和心悸。[4]到了3月25日，这种感觉越发强烈了，但令人遗憾的是，克尼佩尔并没有意识到自己在离开雅尔塔的时候其实已经怀孕了。由于演出压力大，工作繁重，她没有注意保护好自己的身体。3月29日，不幸降临，克尼佩尔流产了。[5]当她得知自己曾经怀有和契诃夫的孩子，而现在这个孩子已保不住了的时候，她伤心欲绝。整个莫斯科艺术剧院的人都为此感到痛心。

克尼佩尔被送往医院，立即动了手术。她坚持于3月31日给契诃夫写信，告知他这件不幸的事：“当我离开雅尔塔的时候，我还想着给你生个庞菲勒，但我一点也不能肯定……起初在我感觉不舒服的时候，我以为是食物中毒；我也想过是不是怀孕了，但我并不确定……同伴们找来了医生，我才知道发生了什么事情。我难过得哭了起来……对不起，我们失去了庞菲勒，我的心都碎了。”[6]虽然剧团的同事们对克尼佩尔关怀备至，但她还是很难从这次打击中恢复过来。四天后，契诃夫发回一个简短的电报：“牵挂你的健康。”可以想见他当时的痛苦。

克尼佩尔在手术后病倒了。契诃夫希望她回雅尔塔调养。当他再次见到克尼佩尔的时候是4月14日。她躺在担架上，被人们从轮船抬到马车上。此后，克尼佩尔的身体一直不见好转，还患上了急性腹膜炎。7月2日，他们一起搬到了斯坦尼斯拉夫斯基提供的留比莫夫卡别墅，以便克尼佩尔疗养身体。[7]糟糕的身体状况使克尼佩尔的情绪也变得非常糟糕，神经脆弱不堪，经常闹情绪。失去孩子后，这段婚姻经历了一段最严重的困难时期。契诃夫的母亲和妹妹将此事归咎于克尼佩尔的放纵，家庭潜在的危机因此事而全面爆发。

此事对契诃夫的打击丝毫不亚于克尼佩尔。他一直盼望能有个孩子，但是这一愿望始终没能实现。1902 年 12 月 14 日，契诃夫写信安慰克尼佩尔："你一定会有孩子的，医生们都这么说。只要你十分集中力量，你就会有一个儿子，他将打碎碗盏，拖你那条小狗儿的尾巴，而你看着他，心中感到慰藉。"[8] 信的结尾这样写道："……在这个世界上实际没有人像我这样爱你……我拥抱你，亲吻你一千次。"[9]

克尼佩尔需要恢复身体，而留给契诃夫的时间不多了。半个月后，契诃夫在信中再次提到孩子的问题。他说："我的女演员，我的妻子！新年新喜！祝你能得到你需要的和你理应得到的一切，而主要的是，希望你得到一个小德国人。有了他，他就会到你的衣柜里去翻找东西，就会到我书桌上去摆弄墨水瓶，你看了也高兴。"[10]

可是这个愿望始终没有实现。在契诃夫的心中，拥有一个孩子就是拥有天堂。1898 年，当他的弟弟米哈伊尔有了一个女儿时，他曾写下："米沙家里添了一个女儿。刚做爸爸的米沙好像是登上了天堂。"[11] 然而，天堂的门迟迟没有向他打开。

契诃夫在最后一部小说《新娘》中写到一个景象。一夜之间，风吹落了花园里所有的苹果，吹断了一棵老李树。这是小说中萨沙去世前的预兆。和小说的情形几乎完全一样，1902 年 6 月 29 日，玛丽雅写信告诉哥哥，雅尔塔花园里的白桦树被风刮断了，这是契诃夫亲手栽种的一棵树。在 7 月 5 日的回信中，契诃夫特地回应了这件事。他在附言中写道："白桦树断了？多么可惜！"孩子没有了，美丽的白桦树被风刮断了，契诃夫强烈地感觉到死神在敲门。

尽管如此，契诃夫依然是乐观的。他依然憧憬着可以和克尼佩尔在克里米亚共度余生。面对内疚的妻子，他安慰道：“如果你和我一起生活在雅尔塔，你的生活就会毁了，我会为此感到难过。我知道我娶了一位女演员。我做出这个决定的时候就知道你会在莫斯科过冬，而我在雅尔塔。我一点也不觉得受到伤害或者被忽视，恰恰相反，在我看来，一切都很好，应该是这样的。所以，亲爱的，不要后悔，不要担心，只需要等待和希望。唯有希望……”[12]

他在写给克尼佩尔的信中说：“那就叫上帝保佑你吧，我亲爱的人。你尽管安心度日，高枕无忧，安然入梦，思念我好了。其实我是喜欢你的，你的信我也喜欢，还有你在舞台上的表演，你走路的风度，我只是不喜欢你在洗脸池旁耽搁太久。”“应该把你的别墅房间收拾得更漂亮、更舒适一些，这样你就会喜欢它了。”[13]

此后，契诃夫的健康状况每况愈下。

在契诃夫资助新建的小学的落成典礼上，由于身体虚弱，他只能躺在庄园客厅的靠背长椅上会见代表们。但是契诃夫依然体现出他一贯的幽默。据吉洪诺夫回忆，当契诃夫听完颂词之后，他上下打量着发言者，然后说：“您的裤子纽扣又没扣上。”这句话引起了哄堂大笑。契诃夫也笑了。他总是难以适应那些庄重的仪式。[14]

就在这次典礼上，吉洪诺夫注意到契诃夫的胸部已经塌陷，胡子花白，面无血色，行动缓慢像老人一样，走不了多久就要停下来调整呼吸。他随身携带一个带皮套的长方形水壶，为的是随时可以把带血的黏痰吐进去。等到呼吸恢复正常，他又扶一扶夹鼻眼镜，强颜欢笑。据吉洪诺夫回忆，那是一个暴风雨的夜晚，他听到剧烈的咳嗽声，接着是一阵呻吟。他贴着墙壁仔细听，确定是契诃夫在呻吟。他吓坏了，赶忙穿着睡衣，光着脚就赶往契诃夫的房间。在昏暗的烛光下，他看到契诃夫侧躺在床上，头伸出床外，身体伴随着剧咳而震动和抽搐，每抽搐一次就吐出大口鲜血，流到他端在手中的蓝色搪瓷痰盂里。吉洪诺夫后来在书中写道："契诃夫就像一只瓶口向下的瓶子，里面已经空了。"吉洪诺夫呼唤着安东的名字，契诃夫把目光转向这位年轻人。吉洪诺夫回忆道："在蜡烛的淡黄亮光下，我第一次看到契诃夫不戴眼镜的样子，他的眼睛大而无神，像一双孩子的眼睛。"他的双眼饱含泪水，似乎没有认出前来看望他的人。最后，他喃喃了几句，用很大力气说："我妨碍你睡觉了……对不起，亲爱的……"[15]

1902年至1903年间，契诃夫创作了《樱桃园》。《樱桃园》讲述了生活于外省的贵族郎涅夫斯卡雅和兄长加耶夫，由于不善经营而债台高筑，却仍不能积极面对现实，最终被迫拍卖祖产"樱桃园"后家人四处离散的故事。全剧有四幕。第一幕的意象是樱花盛开的春天，预示着一种速朽的美丽和瞬间的灿烂。女地主郎涅夫斯卡雅天性温柔善良，有过不幸的婚姻和生活。当年她违背父母的意愿，下嫁给一位律师。六年前她的丈夫去世才一个月，他们的儿子就在河里淹死了，年仅七岁。因为受不住这个打击，她离开了樱桃园。戏剧开幕的时候是5月某日的黎明，郎涅夫斯卡雅带着女儿安尼雅坐火车从巴黎回到阔别多年的樱桃园。从火车站到庄园，从樱桃园到幼儿室，一幅俄罗斯旧时贵族庄园生活图景在读者面前徐徐展开。因为财务亏空、债台高筑，承载着家族荣誉和她个人希望的樱桃园此时已经被抵押。世代在樱桃园为奴而如今发达的罗巴辛带给郎涅夫斯卡雅一个消息，还有三个月庄园就要被拍卖。罗巴辛几次三番为郎涅夫斯卡雅出主意，希望她筹措资金保下樱桃园。然而此时此刻的郎涅夫斯卡雅不名一文，她负债累累，连法国的别墅也已经卖掉了。她根本无力偿还银行借贷的利息。樱桃园里，过去的用人们死的死，老的老，走的走。物是人非，樱桃园的风景依旧美丽，但是庄园的内部，就好像是一个腐朽的木头架子，已是摇摇欲坠了。

费尔斯是郎涅夫斯卡雅家最忠心耿耿的老仆人，契诃夫应该是怀着对祖父的怀念创作了这个角色。在郎涅夫斯卡雅不在的五年中，奶妈已经去世了，阿那斯塔西也死了，彼得路什卡·科索伊也离开了，如今只剩下费尔斯和叶比霍多夫。当樱桃园被卖掉，全家人被驱逐出门的时候，费尔斯留了下来，选择在樱桃园走向生命的终点。他至死都挂念着自己的少爷出门时忘了穿上皮大衣。病重的费尔斯被遗忘了，大家误以为他已经被送去治疗，而实际上他被锁在了樱桃园。他就这样离开了人世，走得无声无息，让人感到无限心酸。没有一个人记住他。他把自己的青春、忠诚、生命全部奉献给了樱桃园。

人们不禁要问，费尔斯一生的意义是什么呢？没有意义，他自己也找不到意义。所以他说，生命过去得真快，就好像从来还没有活过一天似的。契诃夫笔下的费尔斯，就好像一位完成了使命的园丁。

契诃夫笔下有很多这样的“园丁”，如小说《花匠头目的故事》（1894年）中的那位花匠，他为自己考虑得很少，更多的是为园子和树苗考虑，为他所要履行的使命考虑。这个凭借自己内心圣洁的道德而生活的人，“胸膛里跳着一颗美妙的、天使般的心。不管怎样，对他来说，这个城里的居民毕竟是外人，不是亲人，可是他爱他们像爱自己的孩子一样，为他们不惜牺牲性命。他自己害肺痨病，咳嗽，然而每逢有人来叫他看病，他总是忘了自己的病，从不顾惜自己，不管山有多高，也要喘着气爬上去。他不顾炎热和寒冷，不在乎饥饿和口渴。他不要钱，而且说来奇怪，每逢他的病人死掉，他总是同死人的亲属一起跟在棺材后面流泪”[16]。

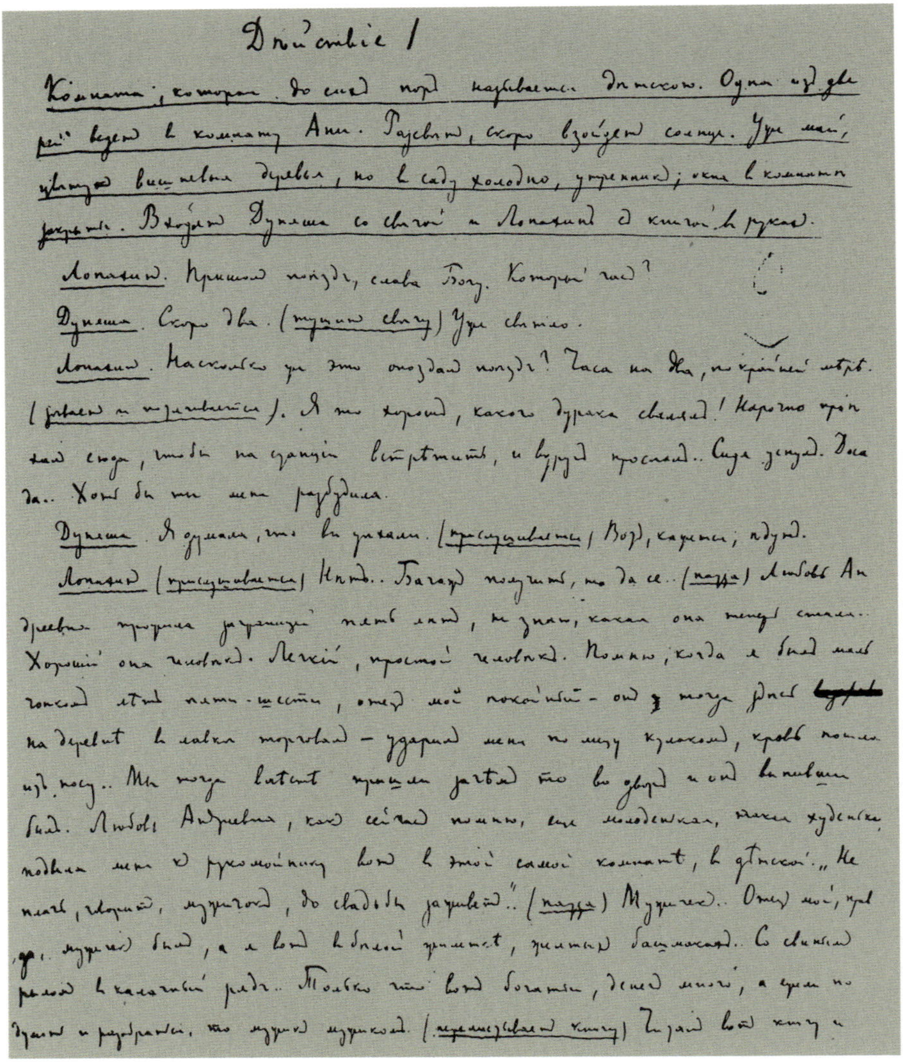

Дѣйствіе I

Комната, которая до сих пор называется детскою. Одна из дверей ведет в комнату Ани. Рассвет, скоро взойдет солнце. Уже май, цветут вишневые деревья, но в саду холодно, утренник; окна в комнате закрыты. Входят Дуняша со свечой и Лопахин с книгой в руках.

Лопахин. Пришел поезд, слава Богу. Который час?

Дуняша. Скоро два. (тушит свечу) Уже светло.

Лопахин. Насколько же это опоздал поезд? Часа на два, по крайней мере. (зевает и потягивается). Я-то хорош, какого дурака свалял! Нарочно приехал сюда, чтобы на станции встретить, и вдруг проспал... Сидя уснул. Досада... Хоть бы ты меня разбудила.

Дуняша. Я думала, что вы уехали. (прислушивается) Вот, кажется, едут.

Лопахин (прислушивается) Нет... Багаж получить, то да се... (пауза) Любовь Андреевна прожила за границей пять лет, не знаю, какая она теперь стала... Хороший она человек. Легкий, простой человек. Помню, когда я был мальчонком лет пяти-шести, отец мой покойный — он тогда на деревне в лавке торговал — ударил меня по лицу кулаком, кровь пошла из носу... Мы тогда вместе пришли зачем-то во двор, и он выпивши был. Любовь Андреевна, как сейчас помню, еще молоденькая, такая худенькая, подвела меня к рукомойнику вот в этой самой комнате, в детской. „Не плачь, говорит, мужичок, до свадьбы заживет“.. (пауза) Мужичок.. Отец мой, правда, мужик был, а я вот в белой жилетке, желтых башмаках.. Со свиным рылом в калачный ряд.. Только что вот богатый, денег много, а если подумать и разобраться, то мужик мужиком. (перелистывает книгу) Читал вот книгу и

契诃夫《樱桃园》手稿

无论是花园，还是守护花园的园丁，契诃夫所要表现的都是基于责任和劳动的人生，他们尽心尽力地躬耕于这片土地，这片“经过了凄迷的秋雨，经过了严寒的冬霜”（《樱桃园》第一幕）的土地，而并不索取任何回报。“樱桃园”饱含着契诃夫对大地的依恋和敬畏，它不仅仅是一个背景，一个物理空间，它是大地上所有生命的价值和意义的象征。每一个日子犹如每一片树叶，每一颗成熟的樱桃，从树枝和树干上生长出来，经历了青涩和饱满，然后再一次消失在流光中。

郎涅夫斯卡雅是丧失了应对生活的能力的人，她和哥哥加耶夫都是契诃夫笔下优雅、善良、有教养的“长不大的孩子”。这样的“孩子”是樱桃园贵族母亲的温柔哺育出来的，是在他们一辈子留恋的“婴儿室”中成长起来的。他们注定寄生在原有的世袭贵族的大树上。而如今这棵大树已经岌岌可危了，他们也无法改变从枝头坠落的命运。

当樱桃园即将被夷平，这片土地上将盖起别墅的时候，罗巴辛将种植罂粟花用以代替他眼中没有用处的樱花。罂粟是有毒的，而这样一种花，在罗巴辛的眼中居然是美丽的，因为它可以为其带来巨额财富。当一家人收拾好行装准备离开樱桃园时，远处响起砍伐樱桃树的声音……

由于契诃夫的健康原因，这个剧本的进展异常缓慢。莫斯科艺术剧院热切地期盼着契诃夫的这个剧本，克尼佩尔也多次去信催促。8月22日，负责艺术剧院业务管理的演员维什涅夫斯基在信中说，剧院没有契诃夫就不能生存。丹钦科和斯坦尼斯拉夫斯基想通过克尼佩尔敦促契诃夫，但又知道疾病摧毁了他原先的创造力。他的思维不如从前那样敏捷，体力也不允许他长时间工作，他几乎是以每天几行的速度推进着剧本。艺术剧院的急切情绪传导给了克尼佩尔，她非常急切地去信：“我很不放心，你为什么拖延剧本的写作？发生了什么事？你把一切都构思得那

斯坦尼斯拉夫斯基在《樱桃园》中饰演加耶夫，瓦西里・卡恰洛夫饰演特罗费莫夫

20 世纪初莫斯科艺术剧院的明信片

《樱桃园》剧照

么好，这将是一部美妙的剧本——是我们这个演出季的重头戏，这是新剧院的第一个演出季啊！为什么没有心思写？你应该，应该把它写出来。”[17] 1903 年 9 月 19 日，剧本基本完成。10 月 14 日，克尼佩尔收到了契诃夫发来的电报：“剧本已寄出，健康吻你，敬礼！安东尼奥。”

契诃夫为《樱桃园》耗尽了最后的心血，他有预感——这是他最后一部戏剧了。

1903 年 12 月 4 日，契诃夫抵达莫斯科，参加《樱桃园》的彩排。12 月 31 日，他在剧院参加新年晚会，紧接着是宴会结束后的舞会。1904 年 1 月 17 日，《樱桃园》首演。莫斯科艺术剧院决定在这一天，纪念契诃夫从事文学活动 25 周年。

到了首演的这一天，契诃夫突感身体不适。而为了制造惊喜，谁也没有提前告知他剧院安排了这样一个庆祝会。演出到第三幕时，有人拿着丹钦科写的便条来接他。在第三幕和第四幕的幕间休息时，以丹钦科和斯坦尼斯拉夫斯基为首的艺术剧院全体成员，以及莫斯科文学界和戏剧界的代表，全都被请上舞台，契诃夫也在暴风雨般的掌声中走上了台。他倍感突然，面色苍白，谁都能注意到他身体的虚弱。剧场里隔着很远的观众都感觉到了这一点，大家喊着请他坐下，但是契诃夫还是站在那里。他过去在自己的作品中多次嘲笑这类庆祝会。在这样的活动中，他也忍不住发笑，有些人在发言时，说话的腔调，简直就像第一幕中加耶夫对旧衣柜发表言论。但他一直坚持礼貌地听完各种祝词。丹钦科在庆祝会上动情地说：

> 祝贺词使你感到疲倦了，可是你应该得到安慰，因为你看见的是整个俄国知识界对你的无限爱戴，尽管这只是个局部。我们剧院对你的才能，对你那颗温柔的心，对你那纯洁的心灵，感激不尽，因而你完全可以说：这是我的剧院……[18]

《樱桃园》是契诃夫的“天鹅之歌”。在莫斯科艺术剧院首演不到半年的时间里，契诃夫就永远地离开了他所眷恋的世界。可以说，契诃夫是借着生命最后的微光写下了这部作品。契诃夫有意无意地对自己的人生思考和艺术创作做出了总结。

1904年6月3日，契诃夫和克尼佩尔离开莫斯科，前往德国疗养。他们住的地方是德国南部与瑞士交界的巴登韦勒，那里是著名的疗养胜地。

他出国的时候已经瘦弱得令人不忍直视了。一位青年作家捷列绍夫曾在契诃夫动身旅行前去拜访过他。捷列绍夫本来以为契诃夫在这个时候不愿见人，但出人意料的是契诃夫答应了和他见面。据捷列绍夫回忆：

"虽然我对将要看到的情况已经有思想准备，但我目睹的却出乎意料，是一幅最黯淡的情景。沙发里坐着一个瘦小得像孩子一样的人，四周围着枕头，穿的不知是外衣还是长袍，腿上盖着一条方格毛毯。他的双肩窄小，面孔狭长，毫无血色——安东·巴甫洛维奇竟如此消瘦、衰弱和无法辨认。我怎么也不相信他竟变成这种样子。"[19]

在最后的日子里，在还能走动的时候，契诃夫与克尼佩尔常常乘坐轻便马车到巴登韦勒郊外游览。克尼佩尔后来在自己的书信体回忆录中回忆了这些生动的场面，追忆契诃夫当时对自己的温柔和亲热。

> 你可曾记得，我们坐着马车旅行？你是那么深情，还记得吗？你是怎样小心翼翼地握住我的手，捏得紧紧的。当我问你是否还好时，你只是默默地点头，向我微笑作答。我是怀着多么崇敬的心情吻你的手啊！你久久地握着我的手，我们就这样在散发着清香的松林里散步。你最流连忘返的地方是一片郁郁葱葱的草地。阳光普照，小溪潺潺流过，清脆悦耳。你不时地叫司机把车开得慢一些，以便欣赏挺拔的果树。大片的果树就在那里无人照管，没有围栏，也没有人偷取或带走一颗樱桃或梨子。你想起了我们可怜的俄罗斯……你还记得那漂亮的磨坊吗？它隐藏在茂密的绿树中，水轮在闪闪发光。你是多么喜欢那些舒适、干净的村庄，还有白色百合花圃和玫瑰丛，那个有着小巧的栅栏的小花园！你满怀痛苦地说："亲爱的，我们的农民什么时候才能住在这样的小房子里呀！"[20]

当三十八岁的契诃夫遇见三十岁的克尼佩尔的时候，契诃夫已经是肺结核的晚期。他们的关系持续了五年，从1899年4月到契诃夫离世的1904年7月。直到契诃夫生命的最后几个月，他和克尼佩尔才真正地像一家人一样朝夕相处。契诃夫离世之后，克尼佩尔对自己是一个“不称职的妻子”的自责和愧疚与日俱增。契诃夫离世后，她在日记中袒露了自己内心的罪恶感和不安，特别是那个刻骨铭心的灾难。她写道：“如果不是因为这个灾难，我们本该有的那个孩子，到今年就两岁了。”[21]她也坦言自己和契诃夫家人之间关系紧张，这种紧张不仅存在于她和契诃夫的母亲与妹妹之间，也在她和契诃夫的其他几个兄弟之间。契诃夫的弟弟米哈伊尔的回忆录中基本没有提到她，也没有称呼她为嫂子，只是称其为“契诃夫的遗孀”。[22]

契诃夫离去后，克尼佩尔成天把自己关在契诃夫的房间里。她整理着契诃夫的遗物，将房间保持在契诃夫生前的样子，每样东西都在它该在的地方，仿佛他也触手可及。每当她看到契诃夫留下的大量来自克拉斯尼的不知名的玫瑰和剑兰，就感到安慰和平静。[23]

克尼佩尔后来没有再婚。她说：“生命中有些时刻似乎是一场光荣的庆典，对我来说，那就是1898年，我从戏剧学校毕业的那一年，莫斯科艺术剧院开张的那一年，我遇见了契诃夫。接下来的岁月也是如此。多年的充实工作，多年的爱的充实，永不衰退的创造的快乐，永不衰退的信心，永不衰退的激情和永不衰退的信仰。”[24]

1 童道明译著:《可爱的契诃夫: 契诃夫书信赏读》，商务印书馆2015年版，第274—275页。

2 Jean Benedetti, trans.and ed., *Dear Writer, Dear Actress: The Love Letters of Anton Chekhov and Olga Knipper*, Methuen, London, 1996, p.171.

3 克尼佩尔在发给契诃夫的电报中说自己2月22日到28日计划在雅尔塔。参见: *Dear Writer, Dear Actress*, p.230。

4 Jean Benedetti, trans.and ed., *Dear Writer, Dear Actress: The Love Letters of Anton Chekhov and Olga Knipper*, Methuen, London, 1996, p.231.

5 Jean Benedetti, trans.and ed., *Dear Writer, Dear Actress: The Love Letters of Anton Chekhov and Olga Knipper*, Methuen, London, 1996, p.237.

6 Jean Benedetti, trans.and ed., *Dear Writer, Dear Actress: The Love Letters of Anton Chekhov and Olga Knipper*, Methuen, London, 1996, p.238.

7 Jean Benedetti, trans.and ed., *Dear Writer, Dear Actress: The Love Letters of Anton Chekhov and Olga Knipper*, Methuen, London, 1996, p.242.

8 [俄]契诃夫：《契诃夫书信集》，朱逸森译，上海译文出版社 2018 年版，第 315—316 页。

9 [俄]契诃夫：《契诃夫书信集》，朱逸森译，上海译文出版社 2018 年版，第 316—317 页。

10 童道明译著：《可爱的契诃夫：契诃夫书信赏读》，商务印书馆 2015 年版，第 322 页。

11 [俄]契诃夫：《契诃夫书信集》，朱逸森译，上海译文出版社 2018 年版，第 245 页。

12 Jean Benedetti, trans.and ed., *Dear Writer, Dear Actress: The Love Letters of Anton Chekhov and Olga Knipper*, Methuen, London, 1996, p.261.

13 [俄]格·别尔德尼科夫：《契诃夫传》，陈玉增译，黑龙江人民出版社 1988 年版，第 452 页。

14 [俄]谢·尼·戈鲁勃夫等编：《同时代人回忆契诃夫》，倪亮等译，广西师范大学出版社 2016 年版，第 690 页。

15 [法]亨利·特罗亚：《契诃夫传》，侯贵信等译，世界知识出版社 1992 年版，第 300 页。

16 [俄]契诃夫：《契诃夫小说全集·第 9 卷》，汝龙译，上海译文出版社 2000 年版，第 202 页。

17 [俄]格罗莫夫：《契诃夫传》，郑文樾、朱逸森译，海燕出版社 2003 年版，第 373 页。

18 [俄]玛丽雅·巴甫洛芙娜·契诃娃：《遥远的过去：我的哥哥契诃夫》，史永利译，中央编译出版社 2011 年版，第 225 页。

19 [俄]格罗莫夫：《契诃夫传》，郑文樾、朱逸森译，海燕出版社 2003 年版，第 411 页。

20 Jean Benedetti, trans.and ed., *Dear Writer, Dear Actress: The Love Letters of Anton Chekhov and Olga Knipper*, Methuen, London, 1996, p.288.

21 Jean Benedetti, trans.and ed., *Dear Writer, Dear Actress: The Love Letters of Anton Chekhov and Olga Knipper*, Methuen, London, 1996, p.291.

22 Mikhail Pavlovich Chekhov, *Anton Chekhov: A Brother's Memoir*, Palgrave Macmillan, New York, 2010, p.215.

23 Jean Benedetti, trans.and ed., *Dear Writer, Dear Actress: The Love Letters of Anton Chekhov and Olga Knipper*, Methuen, London, 1996, p.290.

24 Jean Benedetti, trans.and ed., *Dear Writer, Dear Actress: The Love Letters of Anton Chekhov and Olga Knipper*, Methuen, London, 1996, p.3.

约瑟夫·布拉兹创作的契诃夫肖像画。1897 年，画家接受特列季亚科夫委托，来到梅利霍沃所作。现藏于莫斯科特列季亚科夫画廊。契诃夫本人并不喜欢这幅画，认为有必要重新画一幅

第 12 章

玫瑰的守望与回忆

Забота и воспоминание розы

妹妹玛丽雅是契诃夫最忠实的玫瑰。

玛丽雅把自己的一生全部献给了哥哥的文学事业。她是契诃夫的管家、经纪人、护士和业务经理，代表契诃夫谈判、收取版税，在契诃夫离世之后依然延续着对其遗物、遗作和信件的整理。[1]契诃夫和玛丽雅深厚的兄妹情谊，是在童年艰苦的生活中建立起来的。契诃夫从小就知道为家庭脱离困境而奋斗，玛丽雅也很小就知道为家庭排忧解难。因为母亲常年患病，玛丽雅几乎承揽了所有家务。艰苦的生活锻炼了契诃夫兄妹，玛丽雅也从一个娇生惯养的小姑娘变成一位独当一面的管家人。

玛丽雅和契诃夫的兄妹感情，超越了一般意义上的亲情。[2]兄妹二人是家庭的两根支柱，玛丽雅主内，协助母亲操持家务，渐渐成为家庭中至关重要的人物。契诃夫主外，从青年时代就依靠行医和写作供养家庭。契诃夫曾说："玛丽雅是我们家的主管。要是她不在家，连锅粥都煮不开。"早在契诃夫去萨哈林岛之前就有交代，万一自己遭遇不测，自己所有的遗产留给妹妹，所有的债务也由她偿还。

1883年秋天，契诃夫升入大学最高年级，玛丽雅则进入莫斯科一所女子学院学习。她的很多同学和女友经常到家里聚会，契诃夫很快在这群天真烂漫的少女中成为中心人物。1886年，玛丽雅从女子学院毕业，到柳费尔诺夫斯卡雅斯丽女子中学任教，教授地理和历史。

玛丽雅长得非常漂亮，心地善良，凡是见过她的人都不约而同地感受到"她的脸上有一种内在精神的美"[3]。她非常热爱艺术，尤其是绘画，曾经有许多求婚者。斯玛金和列维坦都向她求过婚。斯玛金是契诃夫的好友，他对玛丽雅一往情深，玛丽雅对他也非常有好感。但是当她告诉哥哥有关斯玛金求婚的事时，契诃夫没有说话。玛丽雅感到契诃夫并不为此事而感到高兴，一连好几天都不说话。于是凭着对哥哥的热爱和依恋，她说："我对问题做出了决断。我不能让哥哥不愉快，不能让他习惯了的生活方式变得不协调，不能让他失去我一直千方百计为他创造的写作环境。"[4] 玛丽雅拒绝了斯玛金。很多年过去了，当斯玛金白发苍苍的时候，还对朋友说起，他爱了玛丽雅一辈子。

玛丽雅·巴甫洛芙娜·契诃娃，1901年

画家列维坦是尼古拉的同学，他们同在绘画雕塑建筑学校读书，早在莫斯科的时候就认识了契诃夫一家。列维坦后来成了俄罗斯著名的风景画家，他的画作大多表现了美丽的俄罗斯中部风光。和契诃夫一样，他也深深热爱俄罗斯的自然风景。正是这样一种对大自然共同的热爱，促成了两人深厚的友谊。在巴布金诺度假的时候，列维坦正好住在附近，后来他索性搬去和契诃夫一家住在一起。夏天温馨的夜晚，在背靠陡峭河岸的庄园里，基谢廖夫一家、契诃夫一家和列维坦经常坐在一起，欣赏贝多芬的奏鸣曲和肖邦的小夜曲，演奏者是钢琴家叶弗列莫娃。

有一次，列维坦突然向玛丽雅求婚，让玛丽雅感到无所适从。她把这件事告诉了契诃夫。契诃夫极其不高兴，直截了当地表达了自己的不满。后来，玛丽雅拒绝了所有求婚者，为了哥哥和整个家庭而舍弃个人

《河岸》，玛丽雅的画作，1880 年

婚姻，终身未嫁。她是契诃夫最重要的助手、秘书和合作者。玛丽雅把一生中最美好的年华献给了哥哥，帮助他处理好所有事务，照顾他的健康。玛丽雅对哥哥的爱超越了男女之间的爱情，超越了兄妹的感情。这是一种什么境界？

契诃夫对玛丽雅的信任无以复加，无人可以替代。

他逝世前三天写的最后一封信，就是给妹妹玛丽雅的。1901 年 5 月，契诃夫在四十一岁时与克尼佩尔结婚，同年 8 月他就写好了遗嘱交给妻子保存。契诃夫在遗嘱中指定玛丽雅作为遗嘱的执行人，并且将雅尔塔的白色别墅留给了玛丽雅，这充分说明契诃夫对妹妹的信任。契诃夫的所有朋友也都非常喜欢和敬重玛丽雅。

契诃夫去世后，玛丽雅把自己的后半生献给了契诃夫文学作品、书信和大量笔记的整理工作。她遵照遗嘱把雅尔塔的白色别墅精心保护起来。她对每一位来访者讲述契诃夫生前的故事，把雅尔塔的家建成了契诃夫纪念馆。她收集、整理、出版了契诃夫的遗作和书信。仅书信就有整整 6 卷，其中包括契诃夫写给玛丽雅的 434 封信。“十月革命”胜利后，玛丽雅成为雅尔塔契诃夫纪念馆终身馆长。1953 年 8 月 4 日，苏联政府授予玛丽雅“功勋艺术工作者”荣誉称号。

契诃夫一生中最重要的两段感情，都与玛丽雅有关。

他的情人米齐诺娃是玛丽雅的同事。玛丽雅把米齐诺娃带回家，她得以认识契诃夫全家。他的妻子是玛丽雅格外欣赏的莫斯科艺术剧院的

《梅利霍沃乡村》，布面油画，玛丽雅的画作，19 世纪 90 年代

老年的玛丽雅，在雅尔塔契诃夫纪念馆的花园里，她的胸前别着一朵玫瑰

女演员克尼佩尔，她在《海鸥》中塑造的阿尔卡基娜令玛丽雅印象深刻，并给予其极高的评价。当年也是玛丽雅跟哥哥开玩笑，鼓动哥哥追求克尼佩尔。

1893年，玛丽雅在莫斯科染上伤寒，病情危急。契诃夫亲自去把高烧40度的妹妹领回家，看护妹妹两天两夜，把玛丽雅从死神的手中抢了回来。这段时间契诃夫写信给苏沃林说："亲爱的，我有一件倒霉事：妹妹生的好像是伤寒病。可怜的她是在莫斯科开始病倒的。当我把她带到家时，她的声音完全嘶哑了，她全身虚弱和疼痛，体温40度，她烦恼……我陪了她两夜。她不时发出呻吟：'我完啦！'这使我们全家都害怕起来，尤其是母亲。有过这样的时刻，似乎玛莎马上就会死去。现在她头部剧痛已经是第四昼夜了，连动弹一下都痛。没有什么比给自己人治病更为难过的事了。你做了一切该做的事，但你时时刻刻都觉得，你做的不是那么回事。"[5]

1899年9月，玛丽雅在莫斯科找到了一个教师的职位，从此常住莫斯科，只在学校放假时才回雅尔塔。玛丽雅不在的日子，契诃夫感到无助和孤独。当年在梅利霍沃时，他已经习惯了母亲和妹妹为他料理一切家事。现在没有了玛丽雅在身边，母亲力不从心，从饮食到起居，契诃夫都得不到很好的照料。

孤独，从早到晚的孤独伴随着契诃夫。

1900年，在契诃夫四十周岁生日这一天，他当选为科学院名誉院士。然而这个消息也不能给他带来更多的欢乐。他在给妹妹的信中说，命名日是在郁郁寡欢中度过的，因为身体状况不佳，一切都感到没有意思。病中的契诃夫太需要有人陪伴在身边了。

但是，在契诃夫决定结婚这件事情上，兄妹俩第一次发生了激烈的冲突。

对当时的玛丽雅来说，当她感到哥哥要完全属于另外一个人，自己不再被需要的时候，她就找不到人生的意义了。她感到一种难以言状的撕裂感正在她与哥哥之间发生。她甚至跟蒲宁说，她也要考虑自己的婚姻，并请求蒲宁为自己物色一个富有而憨厚的丈夫。

玛丽雅给契诃夫写去一封信，她说：

……没完没了地沉思。我的想法一个接着一个。你突然结婚，这让我觉得是那样可怕！我当然知道，克尼佩尔迟早会做你亲近的人，但是你结婚的事实，不知怎么一下使我全身都感到不安，使我想到你，想到自己，想到我和克尼佩尔将来的关系。一想到我们的关系会变得很坏，我就害怕……我感到自己从未有过的孤独。你不要多想，我没有任何恶意，或者类似的东西，没有，我比以前更加爱你，衷心祝愿你一切顺遂，对克尼佩尔也是一样，虽然我不知道，我和她将怎样相处，现在我弄不清对她抱有何种感情。我对她有点生气，她为什么对结婚的事跟我只字不提，这不会是突发奇想吧。你知道，安托沙，我很愁闷，心情很坏……我只想见到你们，什么人也不想见，再说，什么都逃不过大家的眼睛，我哪儿也不想去。[6]

契诃夫回信告诉玛丽雅，所有的一切丝毫不会改变，原来的生活、以往的家庭环境，也绝对不会有任何变化，一切照旧，特别说到他和玛丽雅之间的关系不会改变，还是像以往那样亲热、那样和睦。[7]契诃夫的善解人意让玛丽雅紧张的心情得到了缓和。

玛丽雅在《遥远的过去》一书中详细回忆了契诃夫最重要的小说和戏剧的写作过程，以及《海鸥》《三姊妹》《樱桃园》等剧本排演的经过，回忆了契诃夫与丹钦科、斯坦尼斯拉夫斯基以及全体莫斯科艺术剧院的演员的交往，也回忆了契诃夫和当时俄罗斯文坛精英来往中的重要事件。

如今，当我们品读契诃夫生前最后一篇小说《新娘》时，可以强烈地感到那是写给玛丽雅的一首长诗。小说中的萨沙从某种程度上有着作者本人的影子，而娜嘉就是契诃夫所希望并祝福的一个走向幸福和自由的女性。小说中的萨沙希望娜嘉努力去读书，寻求真理改变命运，他对娜嘉说："只有受过教育的、崇高的人才有意思，只有他们才合乎需要……亲爱的，好姑娘，您走吧！您该向大家表明，您厌恶这种一潭死水似的、灰色的、有罪的生活。"[8]在萨沙的鼓励下，娜嘉勇敢地反抗命定的婚姻，实现了上学的梦想。小说写到娜嘉再次返回故乡时看到的那种惨淡和庸俗，也正是契诃夫本人对于故乡的失望和忧思。最令人心碎的是娜嘉看到当初意气风发的萨沙如今"留着胡子，头发散乱，仍然穿着那件常礼服和帆布裤子，仍然睁着美丽的大眼睛，可是病容满面，疲惫不堪。他显得又老又瘦，不断地咳嗽。不知什么缘故，娜嘉觉得他好像阴沉、土气了"[9]。

契诃夫怀着深切的隐忧，写出了物是人非，庸俗的势力足以改变人，挫败最睿智青春的人的激情，这是人间最普遍的悲剧。小说中这位因为肺结核而过早衰老的、需要用马奶酒治疗的萨沙，就好像契诃夫自己。萨沙多么爱娜嘉，就像契诃夫多么爱玛丽雅，对她有多么不放心！他给娜嘉寄去最后一封信，娜嘉从这封信中读出了不祥的预感，读出了“她和萨沙的交往固然很亲切，然而毕竟成了遥远的过去了”[10]！小说《新娘》中的这句话，或许就是玛丽雅以“遥远的过去”作为书名的由来吧。

萨沙对娜嘉的勉励，是无可奈何的告别，也是契诃夫为妹妹和妻子留下的最后的嘱托和希望：

> 到那时候，你们的城市就会一点点地趋于毁灭，一切都会翻个身，一切都会变了样子，像是施了魔法似的。到那时候这儿就会有宏大而富丽堂皇的房屋，有美妙的花园，有奇特的喷泉，有优秀的人……然而最重要的不是这些。最重要的是，我们所了解的群众，像现在那样的群众——这种恶劣的现象，到那时候就不会存在，因为每一个人都会有信仰，人人都知道自己活着是为了什么，再也不会有一个人到群众中去寻求支持。[11]

在生命的最后时刻，契诃夫对妹妹报喜不报忧。他说自己的健康状况一天比一天好转。1904年5月16日，契诃夫写信给玛丽雅：

> 亲爱的玛莎，我的身体见好，饮食如常，还在卧床，但我想再过两三天就能起床了。
>
> 别让人把我书房里的植物晚间搬到屋外去，小松树得每隔三天（也就是3日、6日、9日、12日……）浇一次水，这我已关照过阿尔谢尼雅了。
>
> 没什么新闻。祝健康，少想事儿，晚点睡觉，多读点书……
>
> 向妈妈问好。寄信来，谈谈新闻，谁到雅尔塔来了，人们有什么议论。祝健康。
>
> 你的安[12]

从这封信中可以看出，契诃夫始终隐瞒自己真实的病情，在逝世前两个月依然挂念他书房里的植物，以及栽种的小松树，嘱咐妹妹每隔三天就要给小松树浇一次水。直到他逝世前四天，克尼佩尔终于把契诃夫的真实病情告诉了玛丽雅。

1904年6月28日，契诃夫在巴登韦勒给妹妹玛丽雅写了生命中最后一封信。

亲爱的玛莎，这里的酷暑，弄得我手足无措，因为身边只有冬天穿的衣服，我有点喘不过气来了，想着离开此地。但是到哪里去呢？我倒是想去意大利的科莫湖，但那里的游客也给热坏了。南部的欧洲到处都热。我想坐船从特里耶斯特到敖德萨一游，但我不知道在6、7月间能否实现。或许让舒尔仁去了解一下那边轮船上的情况：条件好吗？沿途停船的时间长吗？船上的伙食好吗？等等。如果船上条件不错，这对我是个再好不过的旅游。如果舒尔仁能给我发个电报（电报费由我支付），那就是给我帮大忙了。电文应该这样：“巴登韦勒，契诃夫。好。16。星期五。”意思是说：轮船条件好。航程16天。星期五开船。当然，这只是电文的参考格式，如果是星期四开船，就不能写星期五了。

如果稍稍有点热，那么还不可怕，我可以穿法兰绒的衣服。但我得承认，我有点怕坐火车了。关在车厢里闷热，尤其是我的哮喘病遇到点麻烦就会加重。而且，从维也纳到敖德萨的火车上没有卧铺，这就遭罪了。还有，火车跑得太快，不用多久就能到家，而我还没有在路上玩个够。

天非常热，简直想光膀子，不知如何是好。奥尔加到弗赖堡给我定做一件法兰绒的衣服去了，在巴登韦勒这里既没有裁缝，也没有鞋匠。她拿走了一件杜沙尔裁缝给我做的衣服当样板。

我吃得很好，但吃得不多，常闹胃病。这里的油我吃不得。显然，我的胃已不可救药，除了素食之外别无他法，但吃素等于什么也不吃。而防治哮喘的唯一良药是静止不动。

没有一个穿戴得体的德国女人，没有格调，真让人沮丧。

好了，祝你健康和快乐。问候妈妈，万尼亚、舒尔仁、老大娘和其他所有的人。

来信。吻你，握手。

你的安[13]

从信上看，去巴登韦勒是一次错误的旅行。

虽然契诃夫喜欢旅行，但是这个季节到巴登韦勒这样的地方并非疗养而是受罪，因为当地的气温极高，契诃夫在去世前三天写给妹妹的信中就提到了不适应炎热的天气。在这封信里，他还谈到返回雅尔塔的计划。没想到7月2日夜里零点15分左右，契诃夫突发心力衰竭，他感到呼吸困难。克尼佩尔请隔壁的大学生帮忙，请来为他治病的德国医生施韦列尔。等到施韦列尔赶到的时候，契诃夫已经处于垂危状态了。克尼佩尔记录了他最后的时刻。他用德语对医生说："我要死了！"医生递给他一杯香槟酒。他接过酒杯略带喜悦地说，自己很久没有喝香槟酒了。他微笑着望向妻子，一饮而尽，然后静静地朝一侧躺下，不一会儿就永远沉默了。[14]施韦列尔医生回忆说："他在瞑目前直到最后一分钟都非常镇静，像一个英雄。"[15]

契诃夫的离世，一如他的文学那样静美而简洁。

据米哈伊尔回忆，在契诃夫生命的最后三年他们很少联系，他甚至根本不知道契诃夫打算结婚的事情，而再见面，已是阴阳两隔。米哈伊尔沉痛地回忆道："突然间，所有不寻常的色彩，山和海，甚至美丽的雅尔塔都失去了吸引力。这消息像晴天霹雳一样使我震惊……玛莎坐在楼梯的台阶上抽泣起来，她用手抓着自己的头发。看到她如此悲痛，我的心都碎了。"[16]

早在去世前三年，也就是1901年8月3日，契诃夫就已经写好了遗嘱。从这份遗嘱可以见出玛丽雅在契诃夫心目中的地位。

给玛丽雅·巴甫洛芙娜·契诃娃：

亲爱的玛莎，我现在立下遗嘱：我死后雅尔塔的别墅以及全部戏剧版税由你支配，古尔祖弗的别墅外加5000卢布则由我的妻子奥尔加·列奥纳尔道芙娜享有。如果你愿意，不动产可以变卖，给亚历山大3000卢布，给伊万5000卢布，给米哈伊尔3000卢布，给多甫仁科1000卢布，叶琳娜如果出嫁，也给她1000卢布。在母亲和你去世以后，全部财产（除了剧本版税）捐赠给塔甘罗格市政府用作家乡教育基金，剧本版税收入则归伊万，而伊万去世之后，也捐献给塔甘罗格市政府用作家乡教育基金。我答应过给梅利霍沃的农民100卢布——用于支付修路费，也答应过加甫利依尔·阿历克谢耶维奇·哈尔钦科（哈尔科夫市，莫斯卡列夫卡村）支付供他大女儿上中学的全部费用，直到她不再交学费为止。帮助穷人，爱护母亲，全家和睦。

安东·契诃夫[17]

帮助穷人，爱护母亲，全家和睦，这就是契诃夫的遗嘱。

1904年8月，在契诃夫离去后的那个夏天，雅尔塔白色别墅花园里的很多植物都枯萎了。万物有灵，花园失去了园丁，犹如孩子失去了母亲。为了挽救花园和那些契诃夫亲手种植的树木花卉，家人特地挖了一条沟，以便引水浇灌。[18]绝不能让花园枯萎下去！人们相信，只要契诃夫的花园还在，这一伟大而高尚的灵魂就永驻人间。

契诃夫始终坚持追求神圣的灵魂，他坚信“人的道德精神世界是世界上最有价值的东西”。契诃夫是一个对人性持怀疑态度的温和的观察者，但也是最富有同情心的人——在他身上，有着斯多葛学派式的道德观：克己、荣誉和简朴。高尔基回忆说：“任何人当着契诃夫的面会不由自主地产生一种使自己更单纯、更真实、更襟怀坦荡的愿望。”[19]列宾回忆道：“在他的脸容上最引人注目的是他双目中那种纯粹俄罗斯式的细致入微、敏锐严峻的观察事物的表情。他不能容忍崇尚浮夸和多愁善感的调子，他仿佛为冷峻的嘲讽所控制，满意地感到自己身上戴着坚不可摧的锁子甲。”[20]蒲宁认为他真挚、淳朴、亲切、温柔敦厚、富有同情心，但又和人保持距离，是一位“快活的忧郁者”[21]。对于自己，契诃夫这样认为：“人们对我做了这样那样的解释。总之，各种荒诞无稽的话！而我——首先只是个人……我热爱大自然和文学，热爱漂亮女子，憎恨抱残守缺和专横霸道。”

尽管契诃夫并非完人、圣人、天使，但是在作家当中，他的人品是杰出的，在他身上确实具有伟大的人格力量。无论是生活还是写作，他都像一位脚踏实地、朴实无华、默默耕耘的园丁。他远离那些不切实际的幻想花园，耐心地守护和培植着自己生活和文学世界的花园和土壤。他种下花卉和果树，也通过文学在人们的心田里种下理性和良知。在他的世界里，每种下一株花、一棵树就是为大地多创造一些美。玫瑰开花了，他就相信明年会开得更好；小白桦活了，他就相信过不了多少年，小白桦就会长成参天大树。他坚信在这世界上，如果每个人都能多种一棵树，

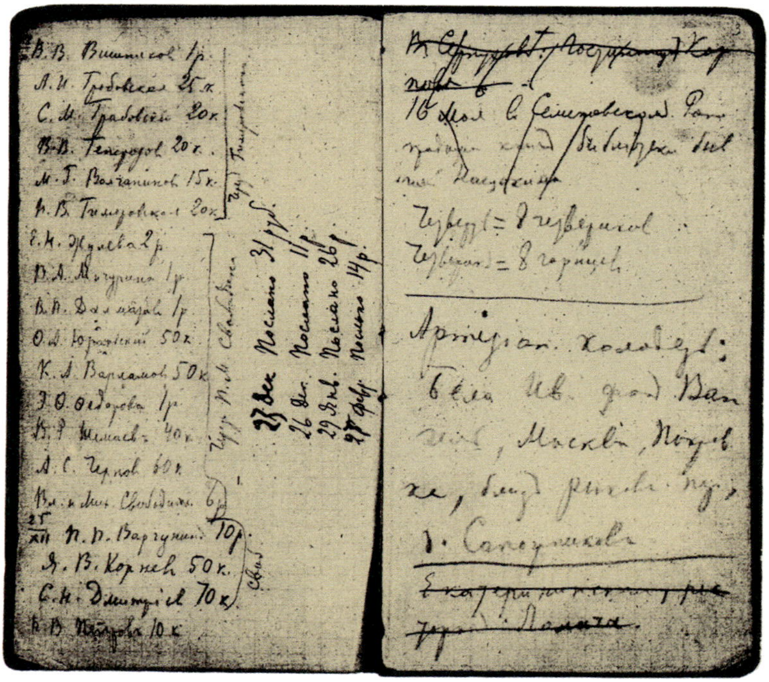

契诃夫的第二个笔记本，上面写着关于饥荒以及收到的捐款

多打一口井，那地球的未来一定更美好，那应有的、最好的一定还在前方。他多么渴望生活，他说："我想再活十年，看看生活变得更美好。"[22]

园丁的双手沾满泥土，但是他们越熟悉尘世的污浊，便会越发地纯洁和高尚。

如果可以把地球变成花园，那么我们就是在帮助上帝创造世界。契诃夫不是忙于文学创作，就是在照顾他的花园，打理花草树木。《林妖》中的赫鲁舒夫说："……当我走在那些被我从伐木的斧头下救出的农村的森林，或者当我听到由我亲手栽种的树林发出美妙的音响的时候，我便意识到，气候似乎也受到我的支配了，而如果一千年之后人们将幸福，那么在这幸福中也有我一份微小的贡献。当我栽下一棵白桦树，然后看到它怎样地慢慢变绿，怎样地在风中摆动，我的心就充满着自豪，因为我意识到，我是在帮助上帝创造世界。”[23]

借赫鲁舒夫之口，契诃夫警告一个快速发展的工业化时代：“出于需要的伐木是可以的，但该是停止毁灭森林的时候了。所有的俄罗斯森林在斧头下呻吟，几十亿树木遭到毁灭，野兽和鸟类也要失去栖身之地，河流在涸竭，美丽的风景将永远消失，而这全因为懒惰的人不肯弯一弯腰，从地底下掘取燃料，只有丧失理智的野人，才会在自己的火炉里把这美丽烧掉，才会去毁灭我们无法再造的东西。人是富于理智和创造力的，理应去增加他们需要的财富，然而，到现在为止，人没有去创造，反而去破坏。森林越来越少，河流涸竭，野兽绝迹，气候恶化，土地一天天地变得贫瘠和难看。”[24]

契诃夫在《林妖》《万尼亚舅舅》等戏剧作品中提出了生态美学的思想，表达了对地球和人类未来的关切和担忧。他从哲学上阐述了人与自然万物的关系，并回到人类学和社会学，指出了现代文明将会带来的问题。他揭示了一个旧时代的弊病，在于习惯性地征服和毁灭一切美好的事物。丘达科夫曾在《契诃夫诗学》这本书中，把契诃夫称为“第一位在文学中以自己特有的伦理道德去解读人与自然关系的作家”。契诃夫认为只有懂得美的人才能欣赏世间的风景。森林不是外在于我们的物，不是燃料。从远古到今天，它见证着历史，并孕育着永恒的美。《万尼亚舅舅》的结尾，索尼雅说：“我们来日还有很长、很长一串单调的昼夜；我们要耐心地忍受行将到来的种种考验……到了那个时候……我们就会看见光辉灿烂的、满是愉快和美丽的生活了，我们就会幸福了，我们就会带着一副感动的笑容，来回忆今天的这些不幸了，我们也就会终于尝到休息的滋味了。”[25]

巴金说自己一生有三个时期读契诃夫。年轻时读到契诃夫，他说：“读来读去，始终弄不清楚作者在讲些什么。”[26]后来他把契诃夫看成一个厌世主义者。直到自己五十岁的时候，才读懂了契诃夫，读懂他用一生的力量来反抗庸俗。契诃夫在《文学教师》的结尾写道：“再也没有比庸俗更可怕、更使人感到屈辱、更叫人愁闷的了。”[27]庸俗是契诃夫的仇敌。他一生最痛恨庸俗，至死都没有停止过与这个仇敌的斗争。他希望俄罗斯人要有同庸俗做斗争的力量，要有改变生活的实际行动。巴金说：“契诃夫在二十岁左右写出的小说，其间透出的智慧和深刻，是一个平常的人要多走二十年或三十年才能够体会到的。”巴金先生的话也启示我们，欣赏伟大的作品犹如精神的登山运动，我们需要做很多的准备，需要漫长的时间来攀登，不是只读一次就可以。伟大的经典在我们生命的每个阶段，都会赋予我们新的智慧和力量。

库普林回忆道：“当我见到契诃夫时，我看到了我一生中见过的最美丽、最优雅的人类面孔。”[28]高尔基说：“俄罗斯未来的文学历史学家会说，俄语是由普希金、屠格涅夫和契诃夫创造的。”[29]波塔宾科说：“他从醒来到入睡，每时每刻都在创作。”[30]霍达谢维奇曾经在一篇文章中这样评价契诃夫：“他的一切都很平常，一点也不想飞翔，相反，倒是充满爱意地和牢固地依恋在大地上，依恋在所有最普通的东西上，依恋在最平凡的日常生活上；看起来他并不相信心灵的永生。契诃夫的海鸥不像杰尔查文的天鹅，不追求飞向高空，而是低掠水面，并依偎在岸边。”[31]他是一只永远不死的海鸥。

契诃夫的人生和艺术要解决以下几个大问题：如何成为一个真正的人，如何在宗教之外建立一种内心的信仰，何为艺术以及艺术何为，自然和人性的双重救赎，幸福究竟以什么样的形式存在，有限的存在和无限的时间的冲突，等等。他用短暂的一生思考了这些最根本的问题。20 世纪人类已一一遭遇契诃夫在 19 世纪末对一个即将到来的工业化时代的预见和忧思。他的文字和人生追求的核心在于对生态和人性的双重救赎。

他未满二十岁就代替父亲成为一家之主，有他在的地方就有欢乐和生气；他是那么幽默智慧，那么渴望生活；他生命中的一半时间在生病，一半时间在写作和旅行；他除了是个作家，还是一位出色的园艺家……我们自己都不曾意识到我们对他的爱与日俱增。今天的世界多么需要他这样的人。

关于幸福，契诃夫曾经在《醋栗》中这样写道："幸福是没有的，也不应当有。如果生活有意义和目标，那么，这个意义和目标就断然不是我们的幸福，而是比这更合理、更伟大的东西。"[32] 这个思想的背后，就是主张人应该追求更加积极和充实的生活，而这种生活在个人幸福的享乐世界里是不存在的。

契诃夫的短篇小说《幸福》（1887 年）写了一位年迈的牧羊人和一位路人在相遇后谈到传说中的黄金宝藏。这是一种象征。正如人人渴望得到黄金宝藏，但谁也不知道它在哪里。幸福也是如此。契诃夫通过年轻的牧羊人山卡的眼睛看到古老的星空、无尽的花儿、巨大的红日以及草原上的万物之后，意识到："只有在那陵墓上，才可以看见世界上除了沉默的草原和古老的坟丘以外还有另一种生活，那种生活是跟埋藏着的幸福以及绵羊的思想没有关系的。"[33] 智慧和良知是抵达幸福的通行证。契诃夫认为，如果在生活中还有什么意义和目标的话，这种意义和目标及其所带来的幸福存在于更加理智和伟大的事物之中。

2020 年契诃夫诞辰 160 周年那天，雅尔塔契诃夫纪念雕像前的鲜花

人生的幸福在哪里？就在人的本性要求他做的事情里。他的本性要求他超越既定的命运，去追寻理想和自由。一个人找到了促成他所有信念、爱好和行为的那个根本性的力量，就找到了真正的自己。正是这种力量，可以让他面对一切困难，让他坦然面对时间，面对厄运，面对生活，面对死亡。所有一切必然离去，而真正的幸福，就是在心灵的召唤下，成为真正意义上的那个自我。

人为幸福而生，犹如鸟儿为天空而飞翔。契诃夫的花园和文学记录着他对这个世界全部的爱。而此刻，他或许依然躬耕在自己的花园里。松鼠在参天的槭树和冷杉间跳跃；蜂群在盛开的百合、萱草、芍药花丛中忙碌；在永不凋零的樱花的海洋中，有着他心爱的海鸥小屋和玫瑰花园，一如人间的样子。

---

1 Jean Benedetti, trans.and ed., *Dear Writer, Dear Actress: The Love Letters of Anton Chekhov and Olga Knipper*, Methuen, London, 1996, p.xii.

2 契诃夫家有五儿一女。玛丽雅出生于 1863 年，亚历山大比她大八岁，尼古拉比她大六岁，安东比她大三岁，伊万比她大一岁，米哈伊尔则比她小两岁。

3 Peter Sekirin, *Memories of Chekhov: Accounts of the Writer from His Family, Friends and Contemporaries*, McFarland, Jefferson, N.C., 2011, p.35.

4 [俄]玛丽雅·巴甫洛芙娜·契诃娃：《遥远的过去：我的哥哥契诃夫》，史永利译，中央编译出版社 2011 年版，第 3 页。

5 [俄]契诃夫：《契诃夫书信集》，朱逸森译，上海译文出版社 2018 年版，第 196 页。

6 [俄]玛丽雅·巴甫洛芙娜·契诃娃：《遥远的过去：我的哥哥契诃夫》，史永利译，中央编译出版社 2011 年版，第 231 页。

7 [俄]玛丽雅·巴甫洛芙娜·契诃娃：《遥远的过去：我的哥哥契诃夫》，史永利译，中央编译出版社 2011 年版，第 232 页。

8 [俄]契诃夫：《契诃夫小说全集·第 10 卷》，汝龙译，上海译文出版社 2000 年版，第 350—351 页。

9 [俄]契诃夫:《契诃夫小说全集·第 10 卷》,汝龙译,上海译文出版社 2000 年版,第 358 页。

10 [俄]契诃夫:《契诃夫小说全集·第 10 卷》,汝龙译,上海译文出版社 2000 年版,第 361 页。

11 [俄]契诃夫:《契诃夫小说全集·第10卷》,汝龙译,上海译文出版社2000年版,第350页。
12 童道明译著:《可爱的契诃夫: 契诃夫书信赏读》,商务印书馆2015年版,第366—367页。
13 童道明译著:《可爱的契诃夫: 契诃夫书信赏读》,商务印书馆2015年版,第371—373页。
14 Peter Sekirin, *Memories of Chekhov: Accounts of the Writer from His Family, Friends and Contemporaries*, McFarland, Jefferson, N.C., 2011, p.190.
15 [俄]格罗莫夫:《契诃夫传》,郑文樾、朱逸森译,海燕出版社2003年版,第412页。
16 Mikhail Pavlovich Chekhov, *Anton Chekhov: A Brother's Memoir*, Palgrave Macmillan, New York, 2010, p.216.
17 童道明译著:《可爱的契诃夫: 契诃夫书信赏读》,商务印书馆2015年版,第262—263页。
18 Jean Benedetti, trans.and ed., *Dear Writer, Dear Actress: The Love Letters of Anton Chekhov and Olga Knipper*, Methuen, London, 1996, p.291.
19 [俄]谢·尼·戈鲁勃夫等编:《同时代人回忆契诃夫》,倪亮等译,广西师范大学出版社2016年版,第522页。
20 [俄]谢·尼·戈鲁勃夫等编:《同时代人回忆契诃夫》,倪亮等译,广西师范大学出版社2016年版,第96页。
21 [俄]谢·尼·戈鲁勃夫等编:《同时代人回忆契诃夫》,倪亮等译,广西师范大学出版社2016年版,第546—547页。
22 Peter Sekirin, *Memories of Chekhov: Accounts of the Writer from His Family, Friends and Contemporaries*, McFarland, Jefferson, N.C., 2011, p.145.
23 [俄]契诃夫:《没有父亲的人·林妖》,童道明译,上海译文出版社2017年版,第242页。
24 [俄]契诃夫:《没有父亲的人·林妖》,童道明译,上海译文出版社2017年版,第241—242页。
25 [俄]契诃夫:《万尼亚舅舅·三姊妹·樱桃园》,焦菊隐译,上海译文出版社2017年版,第77—78页。
26 巴金:《简洁与天才孪生: 巴金谈契诃夫》,东方出版社2009年版,第6页。
27 [俄]契诃夫:《契诃夫小说全集·第9卷》,汝龙译,上海译文出版社2000年版,第192页。
28 Peter Sekirin, *Memories of Chekhov: Accounts of the Writer from His Family, Friends and Contemporaries*, McFarland, Jefferson, N.C., 2011, p.78.
29 同注释28。
30 Peter Sekirin, *Memories of Chekhov: Accounts of the Writer from His Family, Friends and Contemporaries*, McFarland, Jefferson, N.C., 2011, p.91.
31 [俄]弗·霍达谢维奇:《摇晃的三脚架》,隋然、赵华译,东方出版社2000年版,第127页。
32 [俄]契诃夫:《契诃夫小说全集·第10卷》,汝龙译,上海译文出版社2000年版,第175页。
33 [俄]契诃夫:《契诃夫小说全集·第6卷》,汝龙译,上海译文出版社2000年版,第198页。

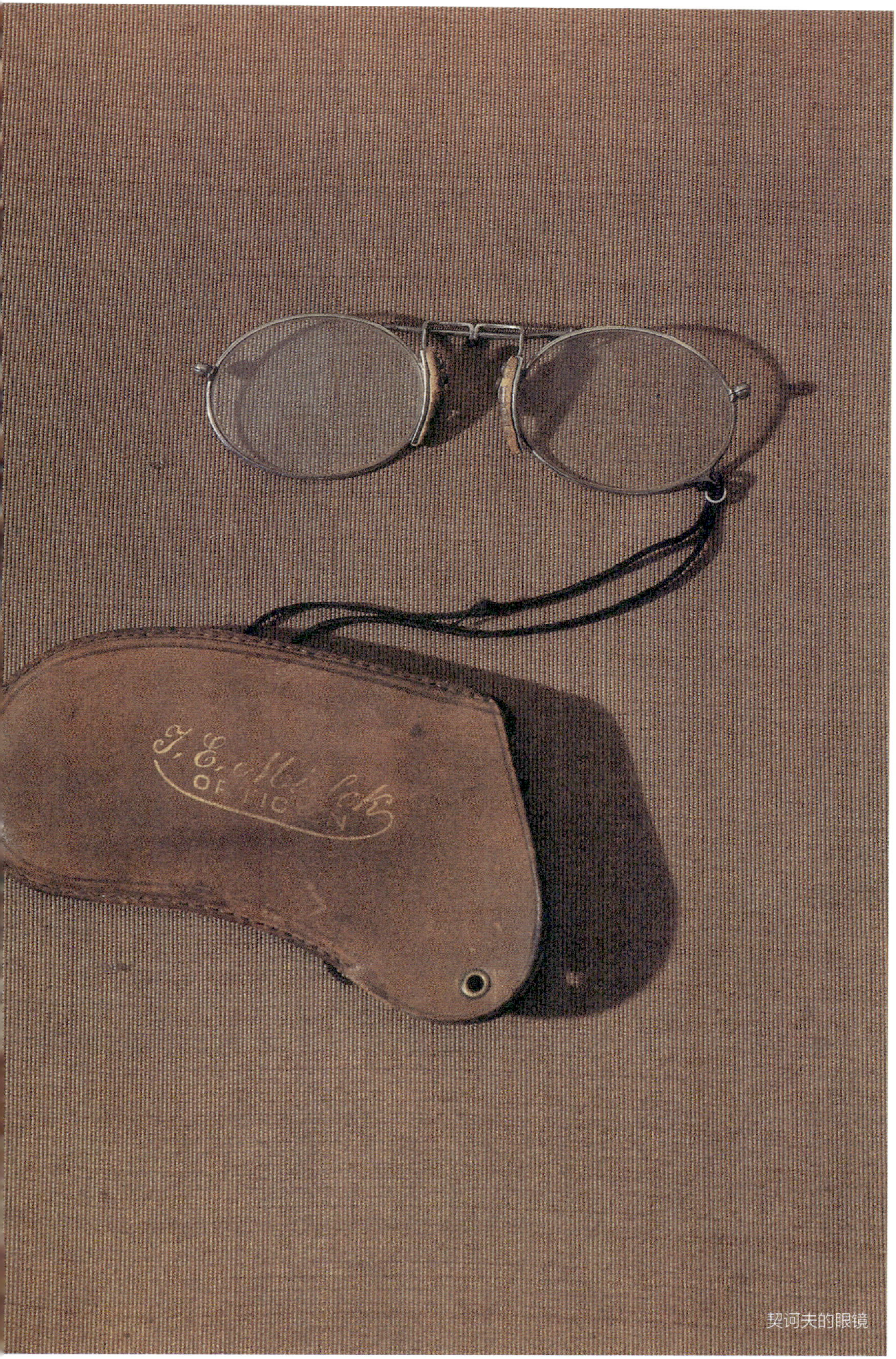

契诃夫的眼镜

契诃夫年表

时间	生活	创作
1860 年	根据圣母升天教堂登记册的出生登记，安东·巴甫洛维奇·契诃夫于 1860 年 1 月 29 日出生于俄罗斯南部港口城市塔甘罗格，并于十天后受洗。父母是巴维尔·叶戈罗维奇和叶甫盖尼娅·雅科夫列夫娜，夫妻两人都是东正教徒。	
1867 年	被父亲送到国王教堂的希腊语小学上学。	
1868 年	转入塔甘罗格市俄语小学。	
1873 年	第一次在剧院看到戏剧演出，并开始参加业余表演。	
1875 年	父亲在塔甘罗格建造新的房子。两位哥哥亚历山大和尼古拉分别进入莫斯科大学和莫斯科艺术学校读书。	
1876 年	4 月，父亲破产后远走莫斯科。7 月，母亲带着兄弟姐妹迁居莫斯科。留在塔甘罗格读中学。	

时间	生活	创作
1877—1878年	在塔甘罗格图书馆翻阅了大量图书。第一次去莫斯科。	写作了一部没有标题的剧本（该剧本和后来发现的《普拉东诺夫》是不是同一个剧本，尚有争议）以及一部喜剧。
1879年	6月15日至8月8日，高中毕业，考入莫斯科大学医学院。与家人在莫斯科团聚。	以“安托沙·契洪特”为笔名，开始在一些通俗幽默杂志上发表短篇小说和幽默小品。
1880年	全家人租住在莫斯科，经常搬家。一边行医一边写作。	第一个短篇小说《写给有学问的邻居的信》发表在《蜻蜓》杂志第10期。1880—1887年，以笔名“安托沙·契洪特”为莫斯科和圣彼得堡的漫画杂志撰稿。
1881—1882年		陆续在《蜻蜓》《闹钟》等杂志上发表短篇小说。
1883年	结识《花絮》主编列伊金。	7月，在《花絮》上发表短篇小说《一个文官的死》。列伊金慧眼识珠，为其创造了在《花絮》上连续发表作品的机会。《胖子与瘦子》《变色龙》等都是早期在《花絮》上发表的短篇小说。
1884年	从莫斯科大学医学院毕业，获得医生资格，开始在莫斯科沃斯克列先斯克等地行医。12月，出现第一次咳血。	出版第一个短篇小说集《梅尔帕梅尼的故事》，署名依然是笔名“安托沙·契洪特”。

时间	生活	创作
1885 年	年底前往圣彼得堡，结识《新时报》的苏沃林。两人一见如故，成为忘年之交，开始密切往来。	在《花絮》连续发表作品。
1886 年	3 月，收到德高望重的格里戈罗维奇的一封长信，对方赞扬了他的写作才能。深受鼓舞，意识到自己需要担当作家的使命。结识作家柯罗连科。	开始为《新时报》写作。苏沃林出版了契诃夫的第二个短篇小说合集《葬礼》，署名“安东·巴甫洛维奇·契诃夫”，旁边也署上了笔名“安托沙·契洪特”。完成独幕剧《天鹅之歌》。
1887 年	4 月初，回到故乡塔甘罗格，拜访叔叔和家族亲戚。4 月下旬，柴可夫斯基阅读了契诃夫的小说，特意去信大加赞赏，开始了两位大艺术家的友谊。	以“契诃夫”的名字出版《黄昏》（第三个短篇小说集）和《无辜的对话》（第四个短篇小说集）。10 月完成剧本《伊凡诺夫》。11 月 19 日，《伊凡诺夫》在莫斯科科尔什剧院首演。
1888 年	短篇小说集《黄昏》荣获俄罗斯科学院的普希金奖，奖金为 500 卢布。在圣彼得堡与柴可夫斯基见面。	《草原》（第一部中篇小说）在圣彼得堡《北方通报》杂志上发表。完成《灯》《生日聚会》《美女》等短篇小说，以及独幕剧《熊》。

时间	生活	创作
1889 年	6 月 17 日，二哥尼古拉因肺结核去世。7 月，访问敖德萨。第一次去黑海边的雅尔塔旅行。9 月 4 日，返回莫斯科。10 月 14 日，在莫斯科与柴可夫斯基见面，后来把短篇小说集《忧郁的人》献给了这位伟大的音乐家。	1 月 31 日，《伊凡诺夫》在圣彼得堡亚历山大剧院演出。发表《没意思的故事》。
1890 年	4 月 21 日，离开莫斯科，穿越西伯利亚，只身前往萨哈林岛考察。6 月 27 日，乘船漂流黑龙江，参观瑷珲古城。7 月 11 日，抵达萨哈林岛。在萨哈林岛考察和记录罪犯与流放者的生活条件，以及监狱、流放者定居点、学校和图书馆的情况，并进行了一次人口调查。10 月 13 日，坐船离开萨哈林岛，南下太平洋到达南亚各地。12 月 1 日，抵达敖德萨。12 月 8 日，返回莫斯科。	
1891 年	3 月 19 日—4 月 27 日，首次欧洲之行。5 月—7 月，在包吉莫沃过夏天。	

时间	生活	创作
1892 年	3 月，搬去莫斯科郊区的梅利霍沃庄园。参与大饥荒的赈灾和援助工作。1892—1893 年，参加预防霍乱的活动。第二次出国旅行，游历维也纳、威尼斯、佛罗伦萨、罗马和巴黎，参观了欧洲几个最重要的博物馆。	发表《第六病室》《跳来跳去的女人》《妻子》《流亡》《邻居》等短篇小说。开始为莫斯科《俄罗斯思想》杂志写作。
1893 年	11 月 25 日—12 月 19 日，因出版工作在莫斯科小住。	7 月，完成小说《黑修士》。
1894 年	因为健康原因，3 月 2 日离开梅利霍沃前往克里米亚疗养，5 日抵达雅尔塔，住在俄罗斯旅馆。会见了当地的一些女演员和文学界人士。4 月 2 日，托尔斯泰在与鲁萨诺夫的谈话中高度赞扬《草原》。6 月 26 日，梅利霍沃的夏季小屋建成，后来在这里诞生了《海鸥》。	《萨哈林旅行记》出版。
1895 年	1 月 2 日，与久未联系的列维坦在梅利霍沃见面。8 月，与托尔斯泰相识于亚斯纳亚·波利亚纳，特意给苏沃林写信表	4 月 9 日，将短篇小说《阿莉阿德娜》寄给出版商拉夫罗夫。剧本《海鸥》发表在《俄罗斯思想》杂志第 12 期。

时间	生活	创作
	达自己愉快的心情。9月4日，托尔斯泰在给儿子的信中高度赞扬契诃夫，认为他是一位有天分的热心人。12月结识蒲宁，后者后来成为首位获得诺贝尔文学奖的俄罗斯作家。	
1896年	2月15日，在莫斯科拜访托尔斯泰。4月6日—8日，咳血。为塔列日村捐赠第一所小学。	7月29日完成短篇小说《我的一生》。大约在10月7日，将剧本《万尼亚舅舅》寄给苏沃林，并计划将《伊凡诺夫》《海鸥》《万尼亚舅舅》结集出版。10月12日—16日，和波塔宾科在圣彼得堡亚历山大剧院观看《海鸥》的演出。10月17日，《海鸥》首演遭遇惨败，极为沮丧地回到了梅利霍沃。10月21日，《海鸥》演出成功。
1897年	3月25日，出现严重的咳嗽并吐血，被送往莫斯科的奥斯特罗乌莫夫医院治疗。3月28日，托尔斯泰去医院探望，在病房里谈论关于文学和永恒的问题。4月10日出院，回到梅利霍沃。为诺沃肖尔基村捐赠小学。参加人口普查。9月1日前往法	发表短篇小说《农民》《在大车上》等。

时间	生活	创作
	国旅行，9 月 4 日—6 日，到达巴黎。10 月—11 月，在尼斯和蒙特卡洛。	
1898 年	4 月 14 日，去巴黎。5 月 2 日，返回圣彼得堡。5 月 5 日，到达莫斯科。9 月，与苏沃林产生分歧，逐渐疏远。与莫斯科艺术剧院的女演员奥尔加·克尼佩尔一见钟情。10 月，父亲去世。为改善健康状况而移居雅尔塔。	4 月 25 日，丹钦科提出在新成立不久的莫斯科艺术剧院重排《海鸥》。12 月 17 日，《海鸥》在莫斯科艺术剧院演出，获得巨大成功。在雅尔塔写作《宝贝儿》。
1899 年	1 月，决定将作品著作权以 7.5 万卢布出售给出版商阿道夫·马科斯，由他出版全集。5 月 7 日，邀请克尼佩尔去梅利霍沃。7 月，与克尼佩尔从新罗西斯克旅行至雅尔塔。8 月 27 日，搬入雅尔塔的白色别墅。	10 月 26 日，《万尼亚舅舅》在莫斯科艺术剧院首演。12 月底，《带小狗的女人》在《俄罗斯思想》第 12 期发表。发表短篇小说《在峡谷里》。
1900 年	1 月 8 日，与托尔斯泰、柯罗连科等人一起当选为俄罗斯科学院荣誉院士。3 月—4 月，高尔基、库普林等几位青年作	4 月 7 日，莫斯科艺术剧院抵达克里米亚最大的城市塞瓦斯托波尔进行巡演，演出剧目包括《海鸥》和《万尼亚舅舅》。

时间	生活	创作
	家去雅尔塔拜访契诃夫。为了迎接剧团的到来，玛丽雅和克尼佩尔提前两天到达雅尔塔。4 月 10 日，在身体欠佳的情况下从雅尔塔到 100 公里之外的塞瓦斯托波尔观看《万尼亚舅舅》的演出。8 月 3 日，与《海鸥》首演时扮演妮娜的杰出女演员科米萨尔热夫斯卡娅会面，讨论新的舞台演出计划，向她赠送自己的签名照。	4 月 23 日，莫斯科艺术剧院在雅尔塔的演出获得巨大成功，被邀请上台接受观众的祝贺和敬意。8 月—9 月，为莫斯科艺术剧院创作《三姊妹》。12 月 14 日，从维也纳到尼斯，在那里完成《三姊妹》的修改并将稿件寄到莫斯科。
1901 年	3 月 30 日，克尼佩尔拜访雅尔塔。4 月 14 日，克尼佩尔回到莫斯科。4 月 26 日，写信给克尼佩尔，信中说："如果你保证在我们结婚之前，莫斯科不会有一个人知道此事，那我到达莫斯科的当天就去和你举行婚礼。不知道为什么我害怕婚礼、祝贺，以及必须端在手里的香槟酒，还有那种莫名其妙的微笑，这些都让我不自在……" 5 月 25 日，与克尼佩尔的婚礼在莫斯科奥夫拉日卡十字教堂举行，参加婚礼的只	1 月 31 日《三姊妹》在莫斯科艺术剧院首演。

时间	生活	创作
	有少数亲属。8 月 3 日，立下遗嘱，交与妻子克尼佩尔，并委托妹妹玛丽雅作为遗嘱执行人。遗嘱分配了房屋、版税和财产，结尾是“帮助穷人，爱护母亲，全家和睦”。9 月 12 日，拜访住在克里米亚的托尔斯泰。11 月，再次拜访托尔斯泰，畅谈两个多小时。12 月 9 日，病情恶化。	
1902 年	8 月 25 日，因抗议科学院除名高尔基，与柯罗连科一起愤然辞去俄罗斯科学院荣誉院士。12 月 18 日，斯坦尼斯拉夫斯基电话告知高尔基的《底层》在莫斯科艺术剧院演出获得成功。	发表短篇小说《主教》。编辑完成自己的小说全集，共 11 卷，交付出版。
1903 年	1 月 15 日左右，出现持续的咳嗽，病情进一步加重。3 月 15 日，医生建议其不要去莫斯科。3 月底，在雅尔塔接待前来探望的高尔基、蒲宁、库普林和费德罗夫。5 月 24 日，出现严重的肺气肿和肠黏膜炎。	2 月 2 日—14 日，完成最后一部短篇小说《新娘》。10 月，在生命垂危的情况下完成四幕戏剧《樱桃园》。《契诃夫全集》第二版出版（共 16 卷）。

时间	生活	创作
1904 年	2 月 17 日，从莫斯科参加完《樱桃园》首演后返回雅尔塔。病情持续恶化。6 月 2 日，对前来拜访的作家捷列绍夫说：“我明天要走了。永别了。我是去死的。”6 月 3 日，与妻子克尼佩尔去德国疗养。6 月 5 日，抵达柏林。6 月 9 日，抵达巴登韦勒。6 月 20 日—27 日，病情进一步恶化。7 月 15 日，病逝于巴登韦勒。7 月 22 日，葬于莫斯科新圣女公墓。	1 月 17 日，《樱桃园》在莫斯科艺术剧院首演。同日，受邀参加在莫斯科艺术剧院为其举行的从事文学活动 25 周年庆祝仪式，并庆祝其四十四岁生日。

后　记

在感悟契诃夫的人生和艺术的时候，我找不出比“园丁”更合适的意象了。

他在梅利霍沃和雅尔塔的别墅里亲手建造花园，培植土壤，栽下许多树木和花卉。契诃夫的妹妹玛丽雅·巴甫洛芙娜·契诃娃在回忆录《遥远的过去》一书中特别提到，契诃夫一生钟爱玫瑰。契诃夫在给莫斯科艺术剧院的导演丹钦科的信中也曾提到，自己亲手在雅尔塔的别墅花园栽下了一百多株玫瑰。契诃夫一生种下了多少树木和玫瑰？如今他所钟爱的玫瑰还在吗？一个“寻找契诃夫的玫瑰”的想法就此印刻在我的心里。

2020 年全球突发新冠疫情，打乱了我的旅行计划。夏季正是玫瑰开放的最佳时节，如果 2020 年夏天不能去到梅利霍沃，我将错失这一年的玫瑰花开。有一天，我给新华社亚欧总分社驻莫斯科的友人米俊峰先生打电话，顺便提到了这个想法，老米当即表示可以帮助我实现这个愿望。由此，我们开启了“寻找契诃夫的玫瑰”的旅程。

我把原定的旅行方案和拍摄计划告知新华社的朋友。根据原计划，我打算先去梅利霍沃庄园的海鸥小屋拜访夏日的玫瑰。可是因为疫情的原因，俄罗斯关闭了所有旅游景区和名人故居。我们物色好了莫斯科的摄影师，可是梅利霍沃契诃夫纪念馆迟迟不开放。怎么办？虽然有些焦急，但我的心里有一个强烈的预感：到了 6 月玫瑰盛开之时，梅利霍沃或许就开放了。

果然，2020 年 6 月 16 日下午 4 时，我等来了好消息——梅利霍沃开放参观了。第二天一早，俄罗斯摄影师亚历山大就根据我列出的清单，前去梅利霍沃采集照片。疫情期间开放的梅利霍沃鲜有游客，照片采集工作异常顺利。负责联络的记者白雪骐告诉我，当天风和日丽，梅利霍沃契诃夫纪念馆的管理人员听说有中国的学者在研究契诃夫和梅利霍沃，非常高兴。根据我事先制订的拍摄计划和详细内容，管理部门给予了大力配合和支持。三天后，当我看到从万里之遥传回的一帧帧图片时，我的眼睛湿润了。

契诃夫曾经的生活宛在眼前。我仿佛看到他第一次拥有自己的土地和房子时的喜悦神情，仿佛看到他穿上工作服带领全家粉刷庄园、整修道路、开辟花园、种植树木；仿佛看到他在夜幕降临时，在充满泥土气息的乡间给远方的友人和读者写信；仿佛看到他日复一日、年复一年地在亲手建造的家庭诊疗室为梅利霍沃当地的穷人行医看病；仿佛看见他在可爱的蓝色小木屋写作那部伟大的《海鸥》时的背影；仿佛看到他在院子里种花浇水，看到他在种满菩提树、樱桃树、苹果树、槭树和椴树的林荫道上散步的身影……

梅利霍沃的“云上寻访”异常顺利，而雅尔塔之行却有很多意想不到的艰难。

为了疗养身体，备受肺病折磨的契诃夫迁居南方。他在雅尔塔买下了一块土地，建造了一座后来被称为白色别墅的房子。在遗嘱中，契诃夫将这幢亲手建造的房子留给了妹妹玛丽雅。玛丽雅为了支持哥哥的文学事业，终身未嫁。后来她将雅尔塔的家建成了契诃夫的纪念馆，并担任馆长。

2014 年，由于俄罗斯和乌克兰的紧张关系，位于克里米亚的雅尔塔成为有领土争议的地区，中国驻俄罗斯持公务护照的记者和摄影师都很难进入这个地区，原来驻克里米亚地区的一些新华社记者也已相继撤离。眼看雅尔塔的拍摄计划就要搁浅，老米赶忙找到在俄罗斯的其他媒体朋友，请他们帮我出谋划策。在和这些热心友人的远程会议中，我们讨论并制订了多个方案。最终，克里米亚当地美术协会的主席夏洛夫·弗拉基米尔先生表示愿意帮忙。他就住在契诃夫纪念馆附近，对那里的情况非常熟悉。

或许是契诃夫在天有灵，就在 2020 年 7 月 15 日契诃夫逝世 116 周年这天，夏洛夫·弗拉基米尔先生发回了雅尔塔的照片。其中有一张照片展现了当天雅尔塔海边的契诃夫雕塑，雕塑的前面摆放了契诃夫所钟爱的玫瑰等鲜花。这一切犹如天意。梅利霍沃和雅尔塔的故居，如今依然保留着契诃夫亲手开辟的百草园和玫瑰园。这些契诃夫珍爱的玫瑰，经过了 19 世纪和 20 世纪，经历了战争和俄罗斯社会的巨变，经过无数个冬去春来，一直开放到今天。契诃夫不仅留给我们如此丰厚的文学遗产，同时还留给我们他的花园和玫瑰。

2020 年，在“寻找契诃夫的玫瑰”的旅程中，我和远在莫斯科的朋友们一次次谈及契诃夫的生平往事，感叹他丰富的精神世界，醉心于他的艺术与玫瑰。我们谈起他在一百多年前曾经漂流过黑龙江，到过北方边城瑷珲，还曾去过香港。他对发生在中国这片土地上的故事充满了好奇，而中国人对于“契诃夫”这个名字也感到那么亲切和熟悉。我们对那些阻碍这次探寻的艰难不以为然，也完全忘却了正在肆虐的全球疫情。伴随着“寻找契诃夫的玫瑰”的云上行动，那些尘封的往事和契诃夫的心灵史也逐一呈现在我的心中。中俄两国的朋友，为了我们共同热爱的契诃夫，携手合作，圆满实现了既定方案，使这本书能够如期出版。这本书是中俄友谊的一个见证。感谢远在莫斯科的新华社的朋友米俊峰和白雪骐，感谢乌克兰华人华侨协会的多方联络，感谢新华社驻乌克兰首席记者李东旭先生，感谢孙锋先生和弗拉基米尔主席以及几位俄罗斯的朋友，感谢梅利霍沃契诃夫纪念馆和雅尔塔契诃夫纪念馆的协助。我永远忘不了这段在云上的寻访之旅。

“寻找契诃夫的玫瑰”注定成为我生命中闪光的一幕。我盼望着这场波及全球的疫情早日过去，让我能够前往契诃夫的花园，向他献上一朵玫瑰。

在撰写《契诃夫的玫瑰》的同时，我还推进着另一项研究，那就是重读并阐释契诃夫所有的戏剧作品，这项工作已耗时多年。这本书目前也已经完稿，书名是《阐释契诃夫》，即将由广西师范大学出版社出版。由于许多关于契诃夫的情感生活和有趣话题无法纳入这个研究框架，因此溢出的内容就自然融进了《契诃夫的玫瑰》。它更像是一部契诃夫的精神传记，我想以此探索契诃夫情感和精神世界的丰富性与现代性。

在完成这两本书的过程中，我得到了许多老师和朋友的帮助。首先要感谢我的老师叶朗先生对我同时撰写这两本书的支持和鼓励。他多次来电关心书稿的进展情况，他的美学思想启发我从自然诗学和生态美学的角度思考契诃夫及其戏剧在 21 世纪的意义。感谢上海图书馆的夏磊女士。夏女士从樊锦诗先生那里得知，我因疫情原因蛰居上海，而我的研究资料都在北京，写作过程中面临诸多不便。于是她为我找出关于契诃夫的丰富书籍资料，并送到我上海的家中，令我非常感动。正是因为这批资料的及时抵达，我关于契诃夫的研究才能在疫情期间得以继续。感谢北京外国语学院的余翔博士。他是俄罗斯“白银时代”戏剧研究方面很有造诣的青年学者，为我查找并提供了契诃夫研究的相关俄文文献，还为书中的一些翻译做了校对。

感谢译林出版社的陈叶副总编和陆晨希编辑，她们是我的好友，也是我撰写的《我心归处是敦煌》的两位责任编辑。撰写《契诃夫的玫瑰》的设想首先得到了陈叶副总编的认可，她对这本书充满了期待。写作过程中我们经常通电话，有时我还会在电话中把当天完成的段落朗诵给她听，与她一起分享写作的惊喜和快乐。后来由于工作调动的原因，她将此书的编辑工作移交给陆晨希编辑，并一直关心着这本书的出版。从《我心归处是敦煌》到《契诃夫的玫瑰》，感谢责任编辑陆晨希为了这本新书能在玫瑰盛开之时出版而付出的心血和操劳。为了走近契诃夫，她查阅了许多文献资料，并邀请了优秀的设计师郭凡老师。得益于她们的灵感和才华，这本书才能以如此美好的形式呈现在读者面前。

我还要感谢我的家人，他们永远毫无保留地理解我、支持我、关爱我。在写到契诃夫一家在梅利霍沃的美好时光时，我的内心也饱含着对来自家庭的爱和力量的感激。

阅读和理解契诃夫是我生命中富有意义的闪光里程。

所有熟悉或陌生的事实都以一种巨大的引力，把我引向契诃夫的花园，走近这位“俄罗斯的园丁”。寻找契诃夫的玫瑰，就是寻找契诃夫高尚的灵魂，寻找他孜孜以求的幸福的奥义和人生的真谛，寻找永不凋零的希望和爱，以及生存于这世上的神圣意义。每一次重读契诃夫就是一次对已有认识的更新和颠覆，每一次重读契诃夫就会强烈地感到他没有离去，他就坐在我们面前朝着我们微笑。

我衷心地希望，通过这本书把“契诃夫的玫瑰”，以及契诃夫对人类的大爱和祝福，献给目前正遭受疫情困扰的这个世界。

顾春芳

2021 年 4 月 20 日于燕南园

图书在版编目（CIP）数据

契诃夫的玫瑰 / 顾春芳著．—南京：译林出版社，2021.8（2023.9 重印）
ISBN 978-7-5447-8731-4

Ⅰ．①契… Ⅱ．①顾… Ⅲ．①契诃夫（Chekhov, Anton Pavlovich 1860—1904）- 生平事迹 Ⅳ．①K835.125.6

中国版本图书馆 CIP 数据核字（2021）第 093349 号

契诃夫的玫瑰　顾春芳 / 著

责任编辑　陆晨希
装帧设计　郭　凡
校　　对　王　敏　蒋　燕
责任印制　董　虎

出版发行　译林出版社
地　　址　南京市湖南路 1 号 A 楼
邮　　箱　yilin@yilin.com
网　　址　www.yilin.com
市场热线　025-86633278
排　　版　南京新华丰制版有限公司
印　　刷　南京爱德印刷有限公司
开　　本　718 毫米 ×1000 毫米　1/16
印　　张　19.75
版　　次　2021 年 8 月第 1 版
印　　次　2023 年 9 月第 4 次印刷
书　　号　ISBN 978-7-5447-8731-4
定　　价　118.00 元